국어독해력이
밥이다

국어 독해력이 밥이다
(고등 국어 1등급 중학 국어 만점 프로젝트, 문해력)

[교실밖 교과서®] 시리즈 **No.27**

지은이 | 국밥연구소
발행인 | 김경아

2019년 7월 13일 1판 1쇄 인쇄
2019년 7월 20일 1판 1쇄 발행

이 책을 만든 사람들
책임 기획 | 김경아
북 디자인 | 김효정
교정 교열 | 안종군
경영 지원 | 홍종남
제목 | 구산책이름연구소

이 책을 함께 만든 사람들
종이 | 제이피씨 정동수·정충엽
제작 및 인쇄 | 천일문화사 유재상

펴낸곳 | 행복한나무
출판등록 | 2007년 3월 7일. 제 2007-5호
주소 | 경기도 남양주시 도농로 34, 부영e그린타운 301동 301호(다산동)
전화 | 02) 322-3856   팩스 | 02) 322-3857
홈페이지 | www.ihappytree.com
도서 문의(출판사 e-mail) | e21chope@hanmail.net
내용 문의(국밥연구소) | gookbaab@gmail.com
※ 이 책을 읽다가 궁금한 점이 있을 때는 국밥연구소 e-mail을 이용해 주세요.

ⓒ 국밥연구소, 2019
ISBN 979-11-88758-14-2
"행복한나무" 도서번호 : 115

국어 독해력이 밥이다

국밥연구소 지음

행복한 나무

어떻게 하면 독해력을 기를 수 있을까?

문해력, 문장을 읽고 제대로 이해할 수 있는 능력

아는 문제를 틀리는 학생들이 의외로 많은데, 이 중에서 상당수는 '문제를 제대로 읽어내지' 못해서 틀린다. 쉽게 말하면 '문해력'이 부족해 한두 문장으로 이루어진 짧은 글도 제대로 이해를 하지 못해서 틀리는 것이다. '문해력'은 문장을 읽고 제대로 이해할 수 있는 능력을 가리키는데, 문제를 읽고 파악하는 문해력도 갖추지 못한 학생이 공부를 잘 할 수는 없다.

인터넷에서 뉴스를 읽다가 댓글을 보면 한심할 때가 많다. 정치 편향에 의해 일부러 쓰는 글은 그렇다 치더라고, 글 내용을 제대로 이해하지 못하고 댓글을 다는 경우가 아주 많기 때문이다. 댓글끼리 공방전을 벌일 때도 문해력이 떨어져서 엉뚱한 공격을 주고받는 경우가 비일비재하다. 문해력이 떨어지면 가짜뉴스에 속아 넘어가고, 여론을 뒤틀리게 만든다.

최근 수능 국어에 실린 지문은 수험생들의 정신력을 무너뜨렸다. 웬만큼 독해력을 갖춘 어른들도 무슨 말인지 바로 이해하기 힘든 지문이었다. 전교 최상위권에서 벗어난 적이 없는 어떤 학생은 읽어도 무슨 말인지 이해하기 힘들어서 시간에 쫓겼고, 하는 수 없이 몇 문제는 찍을 수밖에 없었다고 고백했다. 수능 국어 시험에서 독해력은 이제 가장 중요한 능력이 되었고, 대학입시 성패를 좌우하게 되었다.

성적은 독해력이 결정한다

우리나라 학교 시험 성적을 결정하는 것은 독해력과 암기력이다. 독해를 잘하고, 암기력이 뛰어나면 성적이 높다. 그런데 암기력은 독해력과 밀접한 연관이 있다. 왜냐하면 이해하지 못하면 암기도 잘 못하기 때문이다. 결국 궁극적으로 성적을 좌우하는 것은 독해력이다. 독해력이 떨어지면 백날 공부해 봐야 성적이 안 오른다. 열심히 노력해도 성적이 오르지 않는다면 공부 시간을 더 늘리고, 좋은 학원을 찾아서 사교육을 더 시킬 게 아니라 독해력을 향상시키는 방법부터 고민해야 한다.

요즘은 초·중·고등학생들만 학원에 다니지 않는다. 대학생도 학원에 많이 다니고, 성인들도 학원에 엄청나게 많이 다닌다. 왜 모두들 학원에 다닐까? 인터넷만 봐도 수많은 지식이 있고, 좋은 책도 엄청나게 많은데 말이다. 이는 다양한 이유가 있겠지만 가장 주된 이유는 스스로 학습하는 능력이 없기 때문이다. 책을 읽고 인터넷을 보고 스스로 익히면 되는데, 남이 알려주고 떠먹여 주지 않으면 이해를 못하니까 학원을 찾는 것이다. 독해력 부족은 사교육 시장을 키우는 주된 동력이다.

독해력은 결코 국어 성적만 좌우하지 않는다. 거의 모든 시험이 독해력과 밀접한 관련이 있다. 수학 문장제 문제는 독해력이 떨어지면 풀기 어렵다. 영어 독해도 마찬가지다. 영어를 우리말로 옮기는 건 잘하는데, 정작 우리말로 옮겨놓고 그게 뭘 뜻하는지 모르는 학생이 정말 많다. 중학교까지는 열심히 공부하는 걸로 독해력 떨어지는 게 어느 정도 만회가 되지만, 고등학교 가면 독해력 떨어지는 학생은 거의 대부분 성적도 떨어진다.

기존 독해력 향상 방법의 한계

안타깝게도 고등학교 때 독해력을 기르겠다고 뒤늦게 독해비법을 담은 참고서나 책을 보고 열심히 공부해 봐야 독해력이 길러지지 않는다. 왜냐하면 대부분의 학생들이 선택하는 독해력 향상방법이 별로 효과가 없기 때문이다. 기존 독해력 향상법으로 소개된 방법들이 지닌 문제점은 다음과 같다.

방법① 독해력을 기르려면 독서를 많이 해야 한다.

↳ 일정 부분 맞지만, 덮어놓고 책을 많이 읽는다고 독해력이 느는 건 아니다. 책을 읽고 대충 줄거리만 기억하고 넘어가는 학생은 책을 아무리 읽어도 독해력은 제자리걸음이다. 중학생 때부터는 책을 많이 읽는 것도 어렵다.

방법② 독해력을 기르기 위해 문제를 많이 푼다.

↳ 문제를 많이 푼다고 독해력이 길러지지 않는다. 왜냐하면 문제 풀이는 독해력을 측정하는 수단이지, 독해력을 기르는 수단이 아니기 때문이다. 문제를 푸는 것은 얼마나 독해력이 길러졌는지 확인하는 과정일 뿐이다.

방법③ 문제 유형에 따른 독해비법을 연습한다.

↳ 주로 고등학생들이 많이 쓰는 방법이다. 문제 유형에 따라 제시되는 독해비법은 독해력을 길러주는 데 한계가 있다. 왜냐하면 특별한 유형의 문제를 이런 식으로 풀어라 하는 요령만 익히게 하기에, 유형이 바뀌거나 난이도가 높아지면 또다시 독해를 하지 못하기 때문이다. 유형별 독해비법은 변형된 암기일 뿐이다.

방법④ 참고서를 열심히 보고, 인터넷 강의를 열심히 듣는다.

↔ 참고서나 인터넷 강의는 또다른 암기 공부다.

독해력 향상, 인식 전환에서 출발하자!

기존에 학생들이 활용하는 독해력 향상 방법들에 한계가 있는 것은 독해력의 본질에 대한 이해가 근본적으로 잘못되었기 때문이다. 문제 유형에 따른 비법, 무작정 책 많이 읽기, 열심히 공부하기 등으로는 독해력을 기르지 못한다.

『국어 독해력이 밥이다』는 독해력의 본질이 무엇인지에 대한 인식전환에서 출발한다. 독해력의 본질을 이해하면 독해력을 기르는 방법도 자연스럽게 나온다. 이 책은 독해력에 대한 인식 전환을 바탕으로, 독해력을 길러주는 13가지 비법을 소개한다. 13가지 비법은 모두 독해력의 본질과 밀접하게 연결된다. 그런 점에서 이 책에 담긴 독해력 향상비법은 기존의 참고서나 언어문제집 등에 나온 독해 기술과는 차원이 다르다. 가장 효과적인 독해력 향상비법을 이 책을 통해 습득할 수 있을 것이다.

국밥연구소

쉽고 재미있게 배울 수 있는
이 책의 과학적인 구성

"내게 부족한 독해력, 어떻게 해결하지?"

"우리 아이는 왜 시험만 보면 실수를 하는 걸까?"

국어, 수학, 영어, 사회, 과학 시험에서 실수를 하지 않고 원하는 성적을 얻기 위해 공통적으로 필요한 것은 무엇일까? 그것은 바로 독해력이다. 독해력은 모든 공부의 뿌리이기 때문에 뿌리가 튼튼하지 못한 실력은 아무리 열심히 해도 모래성과 같다.

『국어 독해력이 밥이다』는 대한민국 청소년들의 독해력을 길러주는 13가지 비법을 소개한다. 이 책에서 소개하는 독해력 비법은 매우 단순하고 명쾌하다. 비법이 무엇인지 명확하게 정리해 두었으므로 핵심 비법을 '문장으로' 정확히 기억하면 된다. 13가지 비법을 제대로 활용하는 방법을 소개한다.

> 비법 1 경험하면 이해한다 ⇨ 비법 2 상상하면 이해한다 ⇨ 비법 3 감정을 이해하기 ⇨ 비법 4 성격을 이해하기 ⇨ 비법 5 처지를 이해하기 ⇨ 비법 6 갈등을 이해하기 ⇨ 비법 7 배경지식과 연결하기 ⇨ 비법 8 글과 글을 연결하기 ⇨ 비법 9 내 생각과 연결하기 ⇨ 비법 10 독해의 열쇠, 핵심어 ⇨ 비법 11 글의 목적, 주제 ⇨ 비법 12 미리 보는 결론, 복선과 암시 ⇨ 비법 13 독해의 완성, 상징

'문장'을 읽으며 저절로 배우는 독해력 13가지 비법의 예시문

문제점 : 내게 부족한 독해력

학생들이 어떤 영역에서 독해력이 부
족한지 보여준다. 이 부분을 읽으면서 자
기 자신에게 부족한 독해력의 영역이 무엇
인지 생각해보기 바란다. 부족한 점을 명
확히 알고 공부를 해야 성과를 거둘 수 있
다. 공부는 부족한 점을 채우는 과정이다.

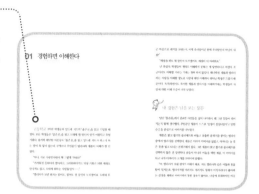

해결책 : 독해력 향상 비법

독해력 향상 비법이 무엇인지 명확하
게 정리해 두었으므로 이 비법을 '문장으
로' 정확히 기억하라. 13가지 비법을 제대
로 익히면 독해력 고수가 되는 길이 쉽게
열릴 것이다.

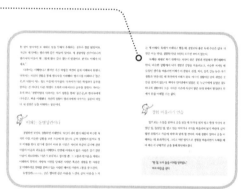

연습 : 독해력 향상 훈련

독해력 향상 비법을 바탕으로 소설,
논술문, 수필 등 구체적인 지문을 읽고 실
제 독해를 하는 방법을 훈련한다. 13가지
비법을 어떤 방식으로 사용하는지, 13가
지 비법이 얼마나 효과가 좋은지 확인하
는 과정이다. 이 책을 통해 요령을 익힌 뒤
에 교과서에 나온 글을 읽으면서 독해 비
법을 적용해보기 바란다.

차례

2부. 독해력 핵심 비법 _ 감정과 갈등 051

3부. 독해력 인취월장 _ 연결과 토론 127

4부. 독해력 화룡점정 _ 주제와 상징 191

이 책에 나오는 단편소설

1 배따라기(김동인) | 2 감자(김동인) | 3 광염 소나타(김동인) | 4 붉은 산(김동인)

5 술 권하는 사회(현진건) | 6 운수 좋은 날(현진건) | 7 B사감과 러브레터(현진건)

8 고향(현진건) | 9 벙어리 삼룡이(나도향) | 10 물레방아(나도향)

11 레디메이드 인생(채만식) | 12 치숙(채만식) | 13 백치 아다다(계용묵)

14 봄봄(김유정) | 15 금 따는 콩밭(김유정) | 16 동백꽃(김유정)

17 제1과 제1장(이무영) | 18 날개(이상) | 19 메밀꽃 필 무렵(이효석)

『국어 독해력이 밥이다』와 함께 읽으세요.

국어 독해력이 밥이다

독해력 기초

_경험과 상상

00 독해력의 진짜 정체는 '이해'다

형제끼리 다툼이 벌어졌다. 여럿이 함께 놀았는데 동생이 놀다가 조금 다쳤다. 형을 비롯한 다른 아이들은 동생의 상태를 철저히 외면했고, 동생은 자신을 아프게 하고도 사과조차 하지 않는 형과 다른 아이들에게 화가 났다. 동생은 계속 씩씩거렸다. 억울함을 호소하고, 아프다고 징징거렸다.

다른 아이들은 동생의 하소연을 조금 받아들이는 듯했지만, 정작 동생과 가장 가까운 형은 도대체 왜 그러냐며 철저히 무시했다.

"날 이렇게 잡아끌어서 내가 등이 긁혔잖아. 날 아프게 해 놓고 어떻게 그렇게 모른 척할 수가 있어?"

동생이 형에게 따졌다.

"내참, 아픈 줄 알았냐. 뭐 그 정도로 울고불고 난리냐?"

"내가 쓰러졌는데도 덮쳤잖아. 내가 안 아프게 생겼어?"

"치, 놀다보면 다 그런 거지. 아프지도 않겠구만."

"아프단 말이야."

"치, 그건 네 사정이고."

동생은 자기 아픔을 몰라줄 뿐만 아니라 사과도 하지 않는 형에게 더욱 화가 났고, 형은 더욱 철저히 동생을 무시해 버렸다. 보다 못한 선생님이 끼어들었다.

"동생이 아프다고 하잖아."

"그때는 아픈 줄 몰랐어요."

"응, 나도 알아. 놀이에 정신이 팔렸으니 그땐 몰랐겠지. 그리고 지금은 동생이 말하는 걸 듣고 알았잖아. 아프다는 말 들으니까 어때?"

"쳇, 그게 뭐가 아프다고."

"그래, 넌 아프지 않다고 생각할 수도 있어. 그런데 동생은 지금 아프다고 말하잖아. 그리고 그걸 몰라줘서 억울하고."

"그땐 몰랐다니까요."

"지금, 동생 마음을 알았잖아. 아프고 억울하다고. 동생 말을 들었으니까 이제 알았잖아. 그러니까 어때?"

"그게 뭐 억울한 일이에요. 아프지도 않은데."

선생님은 그냥 한숨을 쉬고 동생의 마음을 형에게 전하려는 노력을 포기해 버렸다. 강제로 사과시켜 봐야 소용없는 일이었다. 아무리 설명해줘도 형은 동생을 이해하려 들지 않았다. 다른 아이들은 그나마 조금 미안한 기색을 보였지만 형은 처음부터 끝까지 미안한 표정 하나 짓지 않고, 형식적으로라도 사과한다는 말을 하지 않았다. 형의 마음에 동생은 없었다. 동생의 고통, 동생의 억울함이 전혀 마음에 다가오지 않았다. 형에게 동생은 이해 불가능이었다.

독해는 사람에 대한 이해다

『내 영혼이 따뜻했던 날들』을 보면 할아버지와 할머니가 서로 사랑한다는 말을 할 때 'I love you'라고 하지 않고 'I kin ye(나는 너를 이해한다)' 라는 말을 하는 장면이 나온다. 할아버지와 할머니에게 사랑은 love가 아니라 kin(이해)이었다. 그 사람의 처지, 그 사람의 아픔, 그 사람의 마음을 있는 그대로 받아들이는 게 바로 사랑이다. 이해하지 못하는 건 사랑이 아니며, 사랑한다면 그 사람의 마음과 처지를 있는 그대로 받아들여야 한다.

『내 영혼이 따뜻했던 날들』에 등장하는 할아버지, 할머니는 상대의 마음을 읽고, 상대의 처지를 생각했다. 반면에 다툼을 벌인 형과 동생은 상대의 처지를 철저히 무시했고, 상대의 마음을 전혀 받아들이지 않았다. 아니 그러지 못했다.

흔히 독해란 '글을 읽어서 이해하는 것'이라고만 생각한다. 그러나 사람을 이해하는 것과 글을 이해하는 건 둘이 아니라 하나다. 글에는 사람의 마음, 생각, 느낌, 처지가 나타난다. 살아 있는 사람을 이해하지 못하면 글은 절대 이해하지 못한다. 생생하게 전해지는 살아 있는 인간의 감정과 마음을 이해하지 못하면서, 살아 있지 않은 글에서 사람의 마음과 느낌을 건져 올려 이해하는 건 불가능에 가깝다.

매우 많은 학생들이 독해력 부족으로 애를 먹는다. 설명해주지 않으면 글에 나타난 사람의 감정이나 갈등을 전혀 이해하지 못한다. 글에 나타난 표현이 어떤 의미인지 전혀 알지 못한다. 독해를 못하는 것, 즉 글에 나타난 사람을 이해하지 못하는 건 살아 있는 사람을 이해하는 능력이 뒤떨어지기 때문이다. 독해력이 부족한 건 머리가 나쁘기 때문도 아니고, 책을 적게 읽어서도 아니다. 사람을 모르기 때문이다. 사람을 이해할 줄 모르기 때문에 독해가 아니라 암기를 통해 글을 파악하려고 하는 것이다.

독해는 사람에 대한 이해다. 독해력이 뛰어난 학생은 사람을 이해하는 능력이 뛰어나다. 국어 시험을 잘 본다고 해서 독해력이 뛰어난 게 아니다. 시험은 얼마든지 암기와 반복을 통해 잘 볼 수 있지만, 진짜 독해력은 암기와 반복 같은 공부를 통해 길러지지 않는다. 오직 사람을 이해하는 능력을 통해서만 길러진다.

사람을 이해하기 위해서는 기본적으로 두 가지가 밑바탕에 깔려 있어야 한다. 첫째는 경험이다. 경험을 하면 이해를 한다. 경험은 이해의 본바탕이다. 둘째는 상상이다. 상상은 경험의 한계를 뛰어넘는다. 인간이 지닌 상상의 힘을 발휘하면 사람을 이해하는 힘이 생긴다.

01 경험하면 이해한다

고등학교 1학년 학생들과 앙드레 지드의 『좁은문』을 읽고 수업할 때였다. 모든 학생들은 『좁은문』을 읽고 도대체 뭔 말인지 알기 어렵다고 투덜거렸다. 솔직히 웬만한 어른들도 『좁은문』을 읽고 앙드레 지드가 하고자 하는 말이 와 닿지 않는다. 무엇보다 주인공인 엘리사와 제롬이 이해가 잘 안된다.

"아니, 서로 사랑한다면서 왜 그렇게 지내요?"

"가까워질 듯하다가 멀어지고, 그리워하다가도 막상 기회가 되면 제대로 만나지도 않고, 도대체 뭐하는 사람들인지……."

"엘리사가 보낸 편지는 읽어도, 읽어도 뭔 말인지 모르겠어요. 도대체 무

슨 마음으로 편지를 보내는지, 이게 우리말이긴 한데 우리말인지 아닌지. 내
참!"

"해설을 봐도 뭔 말인지 모르겠어요. 해설이 더 어려워요."

선생님은 웃었다. 학생들이 제대로 이해하지 못하는 게 당연하다고 여겼
다. 조금이라도 이해할 거라는 기대는 전혀 하지 않았다. 왜냐하면 제롬과
엘리사라는 사람을 이해할 정도로 사람에 대한 이해력이 뛰어난 학생은 드
물기 때문이다. 독특하면서도 특이한 제롬과 엘리사를 이해하기에는 학생들
의 사람에 대한 이해 수준이 너무 낮았다.

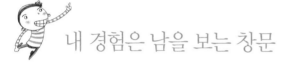

내 경험은 남을 보는 창문

일단 『좁은문』에서 중요한 사건들을 짚어 나가면서, 왜 그런 일들이 벌어
지는지 함께 생각했다. 주인공인 제롬이 스스로 '인생이 결정되었다'고 말한
순간을 중심으로 이야기를 나누었다.

제롬은 밝고 활기찬 줄리에트와 어둡고 침울한 분위기를 풍기는 엘리사
중에서 엘리사를 선택한다. 제롬은 어려서 아버지를 잃었고, 어머니는 늘 검
은 옷을 입고 다니는 분위기에서 컸다. 그런 제롬이 밝고 활기찬 줄리에트를
선택하지 않은 건 당연하다. 밝음이 아니라 어둠을 택한 제롬, 이 이야기를
하고 나자 다복이가 고개를 끄덕이며 말했다.

"아, 엘리사가 보낸 편지가 이해가 돼요. 저도 엘리사와 같은 어둠과 침울
함이 있거든요. 엘리사처럼 이러지도 저러지도 못해서 미적거리다가 좋아하
는 감정을 제대로 이야기하지 못한 경우가 많아요. 나중에 후회하지만 비슷

한 일이 벌어지면 또 제대로 말을 못해서 후회하는 경우가 정말 많았어요. 지금도 제 안에는 엘리사와 같은 어둠이 있어요. 제 경험이랑 견주어보니까 엘리사의 마음이 왜 그렇게 왔다 갔다 했는지 알겠어요. 편지도 이해가 되네요."

다복이는 이해한다고 했지만 다른 학생은 여전히 쉽게 이해하지 못했다. 다복이는 자신의 경험을 통해 엘리사를 이해했다. 엘리사를 이해하니 『좁은 문』의 내용이 어느 정도 마음에 다가왔다. 다복이가 다른 학생보다 공부를 잘하는 건 아니다. 다른 학생이 오히려 다복이보다 공부를 잘한다. 차이는 오직 하나, '경험'이었다. 다복이는 자기 경험을 통해 『좁은 문』의 엘리사에게 다가갔고, 책을 이해했다. 자신의 경험이 엘리사에게 다가가는 창문이 되었다. 내 경험은 남을 이해하는 창문이다.

이해는 동병상련이다

경험하면 보인다. 경험하면 이해한다. 자신이 겪어 봤기 때문에 비슷한 처지의 사람, 비슷한 상황을 보면 가슴에 와 닿는다. 굳이 설명하지 않아도 절로 이해를 한다. 감기에 걸려서 아파 본 사람은 자신과 똑같이 감기에 걸린 사람의 아픔과 괴로움을 이해한다. 반면에 아파보지 않은 사람은 감기 걸린 사람이 괴로워해도 '아픈가 보다'하고 생각할 뿐, 그 고통과 힘겨움을 제대로 이해하지 못한다. 사랑의 시련을 당해본 사람은 똑같은 경험을 한 사람을 잘 이해하지만, 연애를 잘하고 있는 사람은 헤어진 사람의 고통을 잘 모른다.

동병상련(同病相憐), 같은 병이면 같은 아픔을 느낀다. 같이 아픔을 느끼는 게 이해다. 독해가 이해라고 했을 때, 경험보다 좋은 독해 수단은 없다. 사람은 아는 만큼, 경험한 만큼 보인다. 모르면 보이지 않는다.

독해를 제대로 하기 위해서는 자신이 겪은 경험과 연결해서 생각해봐야 한다. 비슷한 상황에서 내가 겪었던 감정을 떠올려보고, 비슷한 처지일 때 들었던 생각을 떠올리면 이해가 더 잘된다. 감정, 처지, 성격, 갈등 등은 자기 경험과 연결시킬 때 확연하게 이해가 된다. 여기서 경험이란 단지 겪었던 것만을 말하지 않는다. 책이나 인터넷에서 읽었던 것, 누군가에게 들었던 것도 하나의 경험이다. 모든 지식은 기존에 자신이 쌓은 토대 위에서 형성된다. 무에서 유를 이해할 수는 없다.

경험 떠올리기 연습

앞으로는 소설을 읽거나, 글을 읽을 때 무작정 읽지 말고 항상 자신이 겪었던 일, 들었던 말, 알고 있는 이야기나 지식을 떠올리며 읽기 바란다. 글이 훨씬 쉬워지고 가슴에 팍팍 와 닿게 될 것이다. 이제 경험이 얼마나 글을 이해하는 데 효과적인지, 그리고 어떤 방식으로 경험을 떠올리면서 독해를 해야 하는지 구체적인 글을 통해 확인해보겠다.

"원 참, 누가 술을 이처럼 권하였노."
하고 짜증을 낸다.

"누가 권하였노? 누가 권하였노? 흥, 흥."

남편은 그 말이 몹시 귀에 거슬리는 것처럼 곱삶는다.

"그래, 누가 권했는지 마누라가 좀 알아내겠소?"

하고 낄낄 웃는다. 그것은 절망의 가락을 띤, 쓸쓸한 웃음이었다. 아내도 따라 방긋 웃고는 또 옷을 잡으며,

"자아, 옷이나 먼저 벗으셔요. 이야기는 나중에 하지요. 오늘 밤에 잘 주무시면 내일 아침에 일으켜 드리지요."

"무슨 말이야, 무슨 말이야. 왜 오늘 일을 내일로 미루어. 할 말이 있거든 지금 해!"

"지금은 약주가 취하셨으니, 내일 약주가 깨시거든 하지요."

"무엇? 약주가 취해서?"

하고 고개를 쩔레쩔레 흔들며,

"천만에, 누가 술이 취했단 말이요. 내가 공연히 이러지, 정신은 말뚱말 뚱하오. 꼭 이야기하기 좋을 만해. 무슨 말이든지……. 자아."

"글쎄, 왜 못 잡수시는 약주를 잡수셔요. 그러면 몸에 축이 나지 않아요."

하고 아내는 남편의 이마에 흐르는 진땀을 씻는다.

－「술 권하는 사회」

남편이 술을 먹고 들어왔고, 아내는 술 먹은 남편 때문에 고생이다. 술 먹은 남편은 괜히 아내에게 심통을 부리고, 아내는 그런 남편이 답답하기만 하다. 이 글을 읽을 때는 자연스럽게 술 먹고 난 뒤에 보이는 어른들의 모습이

떠오른다. 청소년들도 대부분 어른들이 술 먹는 모습은 봤을 것이다. 부모님이 술 드시고 오셔서 하는 행동이나 말도 생각날 것이다. 부모님이 아니더라도 다른 사람들, 텔레비전이나 영화에서 본 장면도 생각날 것이다.

그걸 떠올리는 거다. 자기가 했던 경험, 자신이 봤던 장면을 생각하면서 이 글을 읽으면 훨씬 글이 실감나게 다가오고, 느낌이 생생하다. 독해란 별거 아니다. 이렇게 생생하게 느껴지고, 현실처럼 다가오면 독해는 저절로 된다.

이것은 행복이라든가 불행이라든가 하는 것을 계산하는 것은 아니었다. 말하자면 나는 내가 행복하다고도 생각할 필요가 없었고, 그렇다고 불행하다고도 생각할 필요가 없었다. 그냥 그날을 그저 까닭 없이 펀둥펀둥 게으르고만 있으면 만사는 그만이었던 것이다.

내 몸과 마음에 옷처럼 잘 맞는 방 속에서 뒹굴면서, 축 처져 있는 것은 행복이니 불행이니 하는 그런 세속적인 계산을 떠난, 가장 편리하고 안일한, 말하자면 절대적인 상태인 것이다. 나는 이런 상태가 좋았다.

— 「날개」

『날개』의 주인공은 백수다. 백수도 보통 백수가 아니라 정말 능력 없고, 무기력하며, 아무것도 할 줄 모르는 백수다. 그저 아내에게 빌붙어 살면서 밥 얻어먹는 걸 다행으로 여기며 산다. 윗글은 주인공이 어떻게 사는지, 어떤 인물인지 보여주는 장면이다. 이 글을 읽으며 경험을 떠올리라고 하니까 어떤 학생은 "전 백수 아닌데요."라고 말했다. 그 말을 듣고 헛웃음이 나왔다.

이 글을 읽으면서 자신이 백수였던 경험을 떠올릴 청소년은 거의 없다. 그러나 아무것도 하지 않고 빈둥거린 경험을 떠올리기는 어렵지 않다. 일요일 아침, 학원도 안 가고, 숙제도 없을 때, 거기다 부모님 잔소리마저 없어서 아무것도 안 해도 될 때, 하루 종일 빈둥거리며 게임을 하다가, 텔레비전을 보다가, 배고프면 이것저것 먹다가, 침대에서 뒹굴던 경험을 떠올려보자. 하루 종일은 아니어도 몇 시간 동안 아무 하는 일 없이 빈둥거리던 경험을 떠올려 봐도 좋다.

빈둥거리는 느낌이 어떤지, 어떤 장면인지 떠오를 것이다. 그럼 조금 확장해본다. 하루가 아니라 날마다 그렇게 빈둥거린다고 생각한다. 처음엔 좋겠지만 늘 빈둥거리기만 하면 어떨까? 내 모습은 어떻고, 어떤 기분이 들까?

그때 떠오르는 장면, 그때 떠오르는 기분을 생생하게 마음에 새기면『날개』의 주인공이 어떤 처지이고, 어떤 마음인지가 분명하게 다가온다. 경험을 바탕으로 독해를 할 때 똑같은 경험일 필요는 없다. 비슷한 경험을 바탕으로 확장하면 된다. 경험은 실마리이고, 이해는 작은 실마리를 바탕으로 생각을 확장하는 걸 통해 완전하게 이루어진다.

나는 어디로 어디로 들입다 쏘다녔는지 하나도 모른다. 다만 몇 시간 후에 내가 미쓰꼬시 옥상에 있는 것을 깨달았을 때는 거의 대낮이었다. 나는 거기 아무 데나 주저앉아서 내 자라 온 스물여섯 해를 회고하여 보았다. 몽롱한 기억 속에서는 이렇다는 아무 제목도 불거져 나오지 않았다.

나는 또 내 자신에게 물어 보았다. 너는 인생에 무슨 욕심이 있느냐고,

그러나 있다고도 없다고도 그런 대답은 하기가 싫었다. 나는 거의 나 자신의 존재를 인식하기조차도 어려웠다.

—『날개』

『날개』의 마지막 부분이다. 주인공이 백화점 옥상에서 자기 삶을 되돌아 보고 있다. 자기 삶을 되돌아보니 허무하다. 아무것도 기억나지 않기 때문이 다. 의미 없이 살았으니 기억나는 게 없다.

자기 삶도 한번 되돌아보자. 그리 길지 않은 인생이지만 제법 이런저런 생각이 떠오를 것이다. 의미 있는 시간이 많이 떠오를 수도 있겠지만, 특별히 기억하고 싶고, 의미가 깊은 사건들이 별로 떠오르지 않을지도 모른다. 그때 어떤 기분이 드는가? 십여 년을 살았지만 별다른 의미도 없고, 특별히 기억 나는 추억도 없다면 솔직히 많이 허무할 것이다. 『날개』의 주인공은 26년의 삶을 되돌아봤는데, 별다른 의미도 없고 가치 있는 일도 떠오르지 않았다. 자기가 살아 있는지조차 제대로 인식하지 못한다.

삶을 되돌아봤을 때 아무런 느낌이 없는 상태, 아무것도 떠오르지 않는 상태, 그 절망감과 허무함을 느끼면 주인공을 온전히 이해할 수 있다.

여(余)가 ××촌을 떠나기 전날이었다.

송 첨지란 노인이 그해 소출을 나귀에 실어 가지고 만주인 지주가 있는

촌으로 갔다. 그러나 돌아올 때는 송장이 되었다. 소출이 좋지 못하다고 두들겨 맞아서 부러져 꺾어진 송 첨지는 나귀 등에 몸이 결박되어서 겨우 ××촌으로 돌아왔다. 그리고 놀란 친척들이 나귀에서 몸을 내리울 때에 절망되었다.

××촌에서는 왁자하였다.

"원수를 갚자!"

명 아닌 목숨을 끊은 송 첨지를 위하여, 동네의 젊은이는 모두 흥분되었다. 제각기 언제라도 들고 일어설 듯하였다. 그러나 그뿐이었다. 누구든 앞장을 서려는 사람이 없었다. 만약 이때에 누구든 앞장을 서는 사람만 있었다면 그들은 곧 그 지주에게로 달려갔을지 모른다. 그러나 제가 앞장을 서겠노라고 나서는 사람은 없었다. 제각기 곁 사람을 돌아보았다. 발을 굴렀다. 부르짖었다. 학대받는 인종의 고통을 호소하며 울었다. 그러나…… 그뿐이었다. 남의 일로 지주에게 반항하여 제 밥자리까지 떼이기를 꺼림인지, 용감히 앞서 나가는 사람은 없었다.

－「붉은 산」

이런 경험은 누구나 한 번쯤 있다. 용감하게 나서고 싶지만, 내가 피해를 볼까 봐 비겁해지는 순간은 다들 경험한다. 내 일도 아닌데 나섰다가 내가 피해를 보게 되는 상황은 대부분의 사람이 피하고 싶어 한다.

혹시 그런 경험이 없다면 비슷한 상황에서 나는 어떻게 행동할까를 생각해보면 된다. 용감하게 나서서 피해를 본 사람을 위해 행동할까? 잘못하다간 내가 피해를 볼 수도 있는데? 가만히 있으면 나에겐 아무런 피해도 없는데?

그런 생각을 하면서 『붉은 산』의 이 장면을 읽으면 마을 사람들이 이해가 간다. 힘 없는 백성들이 무서운 지주에게 대들지 못하는 상황이 충분히 공감이 간다. 더구나 대충 피해를 보는 게 아니라 죽을 수도 있다면 비겁하게 행동하는 게 당연하게 여겨지기까지 한다. 공감을 하면 이해는 저절로 된다.

저는 때때로 그 불 붙던 광경을 생각하여 보았습니다. 그리고 그때에 통쾌하던 감정을 되풀이하여 보려 하였습니다. 그러나 그것 역시 실패로 돌아갔습니다. 때때로 비상한 열정으로 음보를 그려 놓은 뒤에 몇 시간이 지나서 다시 한 번 읽어 보면 거기는 아무 힘이 없는 개념만 있고 하였습니다. 저의 마음은 차차 무거워지기 시작하였습니다. 그리고 큰 기대를 가지고 계신 선생님께도 미안하기가 짝이 없었습니다.

"음악은 공예품과 달라서 마음대로 만들고 싶은 때에 되는 것이 아니니 마음 놓고 천천히 감흥이 생긴 때에……."

이러한 선생님의 위로의 말씀을 듣기가 제 살을 깎아 먹는 듯하였습니다. 그러나 제 마음상은 인제는 제게서 다시 힘 있는 음악이 나올 기회가 없는 것 같이만 생각되었습니다. 이러는 동안에 무위의 몇 달이 지났습니다.

－『광염 소나타』

『광염 소나타』는 무지 어려운 소설이다. 광기에 휩싸여 불을 지르고, 사람을 죽인 뒤에 작곡을 하는 백성수나 그 주인공을 대단하게 여기는 K의 생각을 제대로 이해하기가 쉽지 않다. 특히 백성수의 행동을 이해하기가 힘들다. 광기어린 품성을 타고난 것은 알겠는데, 꼭 그렇게 해야 했는지, 어떤 마음으로 행동했는지 좀처럼 이해하기가 어렵다.

그러나 자기 경험을 바탕으로 백성수를 바라보면 어느 정도 실마리가 풀린다. 백성수는 가난하게 살다가 K를 만나 제대로 산다. K는 백성수가 음악을 할 수 있노록 풍족하게 지원해준다.

백성수는 윗글에서 보이듯 자신에게 은혜를 베푼 K의 기대에 보답하고 싶다. 그러나 안 된다. K의 기대만큼 하고 싶지만 아무리 노력해도 K를 만족시킬 만한 음악이 나오지 않는다.

부모님의 기대를 채우기 위해 노력했지만 제대로 이루지 못한 경험, 부모님이나 선생님에게 인정을 받고 싶어서 노력했지만 제대로 인정받지 못한 경험은 대부분 있다. 그때 어땠는가? 어떻게 해서든 부모님의 기대를 채워주고, 선생님의 인정을 받고 싶지 않았던가? 백성수는 바로 그 마음이었다. 그러기에 처음엔 불을 지르고, 나중엔 살인까지 저지르며 제대로 된 작곡을 하기 위해 노력한다.

물론 백성수의 행동은 단지 K의 은혜에 보답하고, 인정받기 위해서만은 아니다. 백성수 자신이 타고난, 광기어린 품성도 작용했다. 여러분은 혹시 어떤 일에 미쳐 본 적이 있는가? 하나의 일에 푹 빠져 정신이 없었던 경험이 있는가? 그런 경험이 있다면 백성수의 마음을 조금이나 이해할 수 있을 것이다.

인정받고 기대를 채우고 싶은 욕심, 그리고 어느 하나에 미친 듯이 빠져

┊ 국어 독해력이 밥이다 ┊

들었던 경험을 떠올리면 아주 어렵다고만 생각했던『광염 소나타』가 그리 어렵지 않게 이해됨을 느낄 것이다.

그는 소학생처럼 벽에다 좌우명을 써 붙였다. ① 일찍 일어날 것, ② 퇴사 즉시 귀가할 것, ③ 독서 혹은 창작할 것, ④ 일찍 취침할 것 그러나 이 좌우명은 이튿날로 권위를 잃고 말았다. 이튿날은 사회부 회의가 밤 아홉 시까지나 계속되었다. 갑론을박의 삼사 시간을 겪은 그는 돌아오는 길로 쓰러져 자고 말았다. 이튿날은 신문사 주최인 축구 대회 기사로 야근을 했고, 다음날은 부득이한 회합이 있어 열 시, 거기서 다시 이차, 삼차를 거듭해서 집에 돌아온 것은 새벽 세 시였다.

'도대체 나는 뭣 때문에 사는 겔까. 누구를 위해 사는 겔까.'

— 「제1과 제1장」

주인공은 도시 생활과 신문기자 생활에 염증을 느낀다. 시골을 그리워하며 귀농을 꿈꾼다. 아마 여러분도 가끔씩 '내가 도대체 뭐 하러 이걸 하고 있지' 하는 생각이 들 때가 있을 것이다. 공부, 학원, 숙제, 친구, 게임 등과 관계된 상황에서 더 이상 하고 싶지 않은 생각이 들 때가 있을 것이다. 주인공이 바로 그런 마음이다.

윗글에서는 계획을 세우고 바로 지키지 못하는 이야기가 나온다. 계획을 세웠는데 그 다음날이나, 며칠이 지나지도 않아서 지키지 못했던 경험은 누구나 있다. 그때 그 마음을 생각하면 주인공의 기분이 저절로 다가올 것이다.

그 아들은 더구나 벙어리를 사람으로 알지도 않는다. 말 못하는 벙어리라고 오고 가며 주먹으로 허구리를 지르기도 하고 발길로 엉덩이도 찬다. 그러면 그 벙어리는 어린것이 철없이 그러는 것이 도리어 귀엽기도 하고 또는 그 힘없는 팔과 힘없는 다리로 자기의 무쇠 같은 몸을 건드리는 것이 우습기도 하고 앙증하기도 하여 돌아서서 방그레 웃으면서 툭툭 털고 다른 곳으로 몸을 피해 버린다.

어떤 때는 낮잠 자는 벙어리 입에다가 똥을 먹인 때도 있었다. 또 어떤 때는 자는 벙어리 두 팔 두 다리를 살며시 동여매고 손가락과 발가락 사이에 화승불을 붙여 놓아 질겁을 하고 일어나다가 발버둥질을 하고 죽으려는 사람처럼 괴로워하는 것을 보고 기뻐하였다.

- 「벙어리 삼룡이」

주인집 아들은 벙어리 하인인 삼룡이를 무지막지하게 괴롭힌다. 못된 주인 아들의 행동을 읽으면 저절로 화가 난다. 그런데 여러분은 약한 자를 깔보거나 괴롭힌 적이 없는가? 나보다 못한 아이라고 깔보거나, 얕잡아 본 적은 없는가? 아니면 노골적으로 괴롭힌 적은 없는가? 혹시 주위에서 왕따를 시키는 걸 본 적은 없는가? 장애인이라고, 조금 모자란다고, 공부를 못한다고, 가난하다고, 지저분하다고 놀리거나 깔본 적은 없는가?

벙어리 삼룡이를 괴롭히는 못된 주인 아들의 심리가 바로 약자를 깔보는 마음에서 출발한다. 만약 조금이라도 비슷한 경험이 있다면 주인 아들의 못되먹은 행동의 원인이 어디에 있는지 이해가 갈 것이다.

누군가에게 억울하게 놀림을 당한 적이 있는가? 억울하게 야단맞은 적 있는가? 단지 나보다 지위가 높고, 힘이 세다는 이유만으로 괴롭힘을 당하거나 억울한 일을 당한 적이 있는가? 그때 느꼈던 마음이 바로 벙어리 삼룡이의 마음이다.

잔소리를 두루 늘어놓다가 남이 들을까봐 손으로 입을 틀어막고는 그 속에서 깔깔댄다. 별로 우스울 것도 없는데 날씨가 풀리더니 이 놈의 계집애가 미쳤나 하고 의심하였다. 게다가 조금 뒤에는 제 집게를 할금할금 돌아보더니 행주치마의 속으로 꼈던 바른손을 뽑아서 나의 턱밑으로 불쑥 내미는 것이다. 언제 구웠는지 더운 김이 홱 끼치는 굵은 감자 세 개가 손에 뿌듯이 쥐였다.

"느 집엔 이거 없지?"

하고 생색 있는 큰소리를 하고는 제가 준 것을 남이 알면 큰일날 테니 여기서 얼른 먹어 버리란다. 그리고 또 하는 소리가,

"너 봄감자가 맛있단다."

"난 감자 안 먹는다. 너나 먹어라."

나는 고개도 돌리지 않고 일하던 손으로 그 감자를 도로 어깨 너머로 쑥 밀어 버렸다. 그랬더니 그래도 가는 기색이 없고, 뿐만 아니라 쌔근쌔근하고 심상치 않게 숨소리가 점점 거칠어진다. 이건 또 뭐야 싶어서 그때에야 비로소 돌아다보니 나는 참으로 놀랐다. 우리가 이 동네에 들어온 것은 근 삼 년째 되어오지만 여태껏 가무잡잡한 점순이의 얼굴이 이렇게까지 홍

당무처럼 새빨개진 법이 없었다. 게다가 눈에 독을 올리고 한참 나를 요렇게 쏘아보더니 나중에는 눈물까지 어리는 것이 아니냐. 그리고 바구니를 다시 집어 들더니 이를 꼭 악물고는 엎어질 듯 자빠질 듯 논둑으로 횡하게 달아나는 것이다.

어쩌다 동리 어른이,

"너 얼른 시집을 가야지?"

하고 웃으면,

"염려 마서유. 갈 때 되면 어련히 갈라구!"

이렇게 천연덕스레 받는 점순이었다. 본시 부끄럼을 타는 계집애도 아니거니와 또한 분하다고 눈에 눈물을 보일 얼병이도 아니다. 분하면 차라리 나의 등어리를 바구니로 한번 모질게 후려째리고 달아날지언정. 그런데 고약한 그 꼴을 하고 가더니 그 뒤로는 나를 보면 잡아먹으려 기를 복복 쓰는 것이다.

―『동백꽃』

누군가를 좋아해본 적이 있는가? 이성을 보고 가슴 설렌 경험은 없는가? 그런 경험이 있다면 점순이의 마음이 와 닿는다. 더구나 사랑을 고백했는데 받아들여지지 않으면 어떨까? 그것도 아주 무안을 주며 받아주지 않으면? 굉장히 심통이 날 것이다. 점순이가 주인공을 괴롭힌 건 사랑 고백을 받아주지 않아서 심통이 났기 때문이다.

사랑은 경험해봐야 이해한다. 사랑해보지 않고 사랑을 이해할 수는 없다.

이 B여사가 질겁을 하다시피 싫어하고 미워하는 것은 소위 러브 레터였다. 여학교 기숙사라면 으레 그런 편지가 많이 오는 것이지만 학교로도 유명하고 또 아름다운 여학생이 많은 탓인지 모르되 하루에도 몇 장씩 죽느니 사느니 하는 사랑 타령이 날아들어 왔다. 기숙생에게 오는 사신을 일일이 검토하는 터이니까 그 따위 편지도 물론 B여사의 손에 떨어진다. 달짝지근한 사연을 보는 족족 그는 더할 수 없이 흥분되어서 얼굴이 붉으락푸르락, 편지 든 손이 발발 떨리도록 성을 낸다. … (중략) …

셋째 처녀는 대담스럽게 그 방문을 빠끔히 열었다. 그 틈으로 여섯 눈이 방안을 향해 쏘았다. 이 어쩐 기괴한 광경이냐! 전등불은 아직 끄지 않았는데 침대 위에는 기숙생에게 온 소위 러브레터의 봉투가 너저분하게 흩어졌고 그 알맹이도 여기 저기 두서없이 펼쳐진 가운데 B사감 혼자 …… 아무도 없이 제 혼자 일어나 앉았다. 누구를 끌어당길 듯이 두 팔을 벌리고 안경을 벗은 근시안으로 잔뜩 한 곳을 노리며 그 굴비쭉 같은 얼굴에 말할 수 없이 애원하는 표정을 짓고는 키스를 기다리는 것같이 입을 쫑긋이 내어민 채 사내의 목청을 내어가면서 아깟 말을 중얼거린다. 그러다가 그 넋두리가 끝날 겨를도 없이 급작스레 앵 돌아서는 시늉을 내며 누구를 뿌리치는 듯이 연해 손짓을 하며 이번에는 톡톡 쏘는 계집의 음성을 지어,

"난 싫어요. 당신 같은 사내는 난 싫어요." 하다가 제물에 자지러지게 웃는다. 그러더니 문득 편지 한 장(물론 기숙생에게 온 러브레터의 하나)을 집어 들어 얼굴에 문지르며,

"정말이야요? 나를 그렇게 사랑하셔요? 당신의 목숨같이 나를 사랑하

셔요? 나를, 이 나를." 하고 몸을 추스르는데 그 음성은 분명 울음의 가락을 띠었다.

- 「B사감과 러브레터」

『B사감과 러브레터』에서 B사감은 겉으로는 연애를 하는 걸 극도로 싫어하는 사람처럼 보인다. 여자 기숙사에 날아든 러브레터, 즉 연애편지가 발견되면 미친 듯이 야단을 친다. 그런 B사감이 사실은 몰래 연애편지를 읽으면서 멋진 사랑을 꿈꾼다. 겉모습과 속이 완전히 다른 이중인격자다.

글 속에서 이런 인물을 만나면 대부분 '미쳤군'하고 넘어가 버린다. 나와는 상관없다고 생각한다. 그러나 모든 사람은 이중적인 면이 조금씩은 있다. 한번 자신의 이중성에 대해 생각해보기 바란다. 난 착하기도 하고, 나쁘기도 하다. 부지런하기도 하고 게으르기도 하다. B사감은 그 이중성이 조금 심하게 나타날 뿐이다.

난 왜 이중적인가? 그걸 생각하면 B사감의 이중성을 단지 '미쳤다'고 여기고 넘어가지 못한다. 나의 이중적인 면을 깊이 생각해보면 B사감의 이중성이 가슴 아프게 다가온다. 나와 상관없는 상황이라고 여기면 독해가 겉치레가 되지만, 나와 관계있는 일로 여기면 독해가 훨씬 깊어진다.

상상하면 이해한다 02

두 초등학생이 있었다. 한 학생은 독해를 매우 잘했고, 한 학생은 독해력이 매우 떨어졌다. 실제 학교 성적은 크게 차이가 나지 않았는데 독해력의 차이는 상당했다. 왜 그런지 이유가 궁금해서 여러모로 확인해봤지만 원인을 밝히긴 어려웠다. 그러던 어느 날 조금 무서운 내용이 들어 있는 글을 함께 읽었다.

"으으, 무서워요."

독해를 잘하는 아이의 얼굴 표정이 바뀌었다.

"뭘 그래, 그냥 글일 뿐인데."

"전, 글을 읽으면 상상이 되거든요. 무시무시한 사건이 생각나고 진한 구린내가 실제로 나는 것 같아요. 아! 진짜 싫다."

독해력이 좋은 아이는 상상을 할수록 몸서리를 쳤다. 그러나 맞은편에 앉은 독해력이 떨어지는 아이는 전혀 표정의 변화가 없었다.

"넌, 안 무섭니?"

"영화로 만들었다면 무서운 내용이겠지만 이건 글이잖아요. 무서울 게 뭐가 있어요."

독해력이 뛰어난 학생과 독해력이 떨어지는 학생의 차이는 바로 '상상하는 힘'이었다. 독해력이 뛰어난 학생은 글을 읽으면서 머릿속에 상상을 했다. 글과 영상이 머릿속에서 함께 움직였다. 한 편의 영화를 보듯이 글을 읽었고, 실제로 일이 벌어지는 것처럼 느끼면서 글을 읽었다. 당연히 주인공의 마음이나 느낌, 사건이나 처지가 있는 그대로 와 닿았다.

반면에 독해력이 떨어지는 학생은 글은 그저 글일 뿐이고, 머릿속에 영상이나 느낌이 거의 떠오르지 않았다. 당연히 주인공의 마음이나 느낌, 사건이나 처지가 마음에 와 닿지 않는다. 마음에 와 닿지 않으니 이해가 안 되고, 이해가 안 되니 독해가 제대로 되지 않는다.

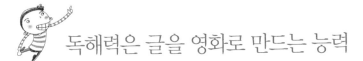

독해력은 글을 영화로 만드는 능력

경험하면 이해한다. 그러나 인간의 경험은 제한적일 수밖에 없다. 무제한의 경험은 불가능하다. 그럼에도 사람은 다른 사람의 처지나 글을 읽고 이해하고, 다른 사람의 상황을 보고 눈물을 흘리기도 하고 비난하기도 한다. 이모든 게 가능한 이유는 인간에게 상상하는 힘이 있기 때문이다. 상상은 경험의 한계를 뛰어넘게 해준다. 인간이 상상할 수 있기에 세상은 변해 왔다. 인간에게 상상력이 없었다면 인간은 아직도 원시 시대에 머물렀을 것이다.

독해를 할 때 상상하라는 것은 아무 근거 없이 마음대로 생각을 떠올리라는 말이 아니다. 글을 읽고 상상하라는 말은 글이 표현하는 이미지, 소리, 냄새, 촉각, 미각을 실제 감각으로 느끼는 것처럼 머릿속에 떠올리라는 뜻이다. 인간에게 주어진 오감을 동원해서 글을 느끼는 게 '상상하며 글 읽기'다.

글을 쓰는 사람은 머릿속의 상상이나 생각을 글자로 옮긴다. 글을 잘쓰는 사람은 머릿속의 상상과 생각을 글자로 생생하게 옮길 줄 안다. 반면에 독해를 잘하는 사람은 글자를 상상이나 생각으로 생생하게 전환할 줄 안다.

상상의 기본은 글을 한 편의 영화로 바꾸는 것이다. 글자를 영상으로 만든다고 보면 된다. 글을 글로 보지 말고, 상상력을 발휘해 글을 영화로 꾸며가면서 글을 읽는 것이다. 영화에는 시각과 청각이 생생하게 살아 있다. 상상력을 더욱 잘 발휘하려면 시각과 청각뿐만 아니라 후각, 촉각, 미각도 총동원해야 한다. 진한 냄새와 맛, 피부로 전해지는 감각까지 모두 느끼면서 글을 상상하면 글은 온전히 자기 것으로 다가온다.

상상하며 글 읽기 연습

이제 상상을 하며 글을 읽으려면 어떻게 해야 하는지, 상상이 독해를 하는 데 얼마나 효과적인지 구체적인 글을 통해 확인해보겠다.

불덩이 같은 커다란 시뻘건 해가 남실남실 넘치는 바다에 도로 빠질 듯, 도로 솟아오를 듯 춤을 추며, 때때로 보이지 않는 배에서 배따라기만 슬프게 날아오는 것을 들을 때면 눈물 많은 나는 때때로 눈물을 흘렸다.

－『배따라기』

불덩이 같이 시뻘건 해를 떠올린다. 바다 끝에 걸려 떠오르는 해다. 파도에 따라 오르락내리락한다. 그런 풍경 옆으로 슬픈 노래 소리가 들린다. 가슴 아픈 노래다. 실제 노래가 들리는 것처럼 상상을 한다. 멋진 풍경, 슬픈 노래, 주인공은 눈물을 흘린다.

마치 한 폭의 그림처럼 영상이 떠오른다. 이 글을 읽으면서 그냥 읽고 넘어가지 말고 반드시 글에 맞추어 영상을 떠올려보기 바란다. 소리도 생각하고, 눈물이 흐르는 느낌도 떠올려야 한다. 마치 실제처럼 느껴보기 바란다. 그리하면 글이 머리가 아니라 가슴으로 느껴진다. 글이 온전히 자기 것으로 다가온다.

그가 그의 집 안방에 들어설 때에는 뜻도 안하였던 광경이 그의 눈앞에 벌어져 있었다. 방 가운데는 떡 상이 있고, 그의 아우는 수건이 벗어져서 목 뒤로 늘어지고, 저고리 고름이 모두 풀어져 가지고 한편 모퉁이에 서 있고 아내도 머리채가 모두 뒤로 늘어지고 치마가 배꼽 아래 늘어지도록 되어 있으며, 그의 아내와 아우는 그를 보고 어찌할 줄을 모르는 듯이, 움쩍도 않고 서 있었다. 세 사람은 한참 동안 어이없이 서 있었다.

— 「배따라기」

글을 읽으며 그대로 상상해보라. 글이 표현한 그대로 하나의 그림을 떠올리면 된다. 방이다. 방 가운데 떡을 차린 상이 있다. 아우는 수건이 벗겨져서 목 뒤로 늘어져 있다. 윗옷이 약간 풀어 헤쳐져 있다. 아내는 머리채가 뒤로 늘어지고 치마도 배꼽 아래에 늘어져 있다. 아내와 아우가 어색하게 바라본다. 어색함이 흐른다.

세 사람이 정지 화면처럼 서 있는 상황을 묘사한 글이다. 이미지를 선명하게 상상해본다. 상상을 통해 떠올린 이미지의 명확한 정도에 따라 글을 이해하는 수준이 결정된다. 선명한 이미지가 머리에 그려지면 주인공들의 마음이나 사건의 전개도 훨씬 이해하기가 쉽다.

어린아이를 달래듯이 목덜미를 어루만져주니 나귀는 코를 벌름거리고 입을 투르르거렸다. 콧물이 튀었다. 허생원은 짐승 때문에 속도 무던히는 썩혔다. 아이들의 장난이 심한 눈치여서 땀 밴 몸뚱어리가 부들부들 떨리고 좀체 흥분이 식지 않는 모양이었다. 굴레가 벗어지고 안장도 떨어졌다. 요 몹쓸 자식들, 하고 허생원은 호령을 하였으나 패들은 벌써 줄행랑을 논

나귀가 코를 벌름거리고 투르르거리는 모습을 상상한다. 나귀 코에서 콧물이 튀고, 투르르거리는 소리가 귓가를 울린다. 몸통에는 땀이 흐른다. 부들부들 떤다. 흥분한 나귀가 어찔 줄 모른다.

머릿속에 상상이 되는가? 살아 있는 나귀 한 마리가 생생하게 머리로 다가와야 한다. 마치 내가 눈으로 직접 본 것처럼, 털을 만져 본 것처럼, 나귀의 투르르거리는 소리를 직접 들은 것처럼 떠올려야 한다. 지금 옆에 있는 나귀 한 마리가 느껴지는가? 그 숨결까지 느껴지는가? 오랜 세월 고생을 해서 거칠거칠한 털이 느껴지는가? 살아 있는 나귀 한 마리가 내 옆에 서면 독해는 완성된다.

이지러는 졌지만 보름을 갓 지난 달은 부드러운 빛을 흐뭇이 흘리고 있다. 대화까지는 팔십 리의 밤길, 고개를 둘이나 넘고 개울을 하나 건너고 벌판과 산길을 걸어야 된다. 길은 지금 긴 산허리에 걸려 있다. 밤중을 지난 무렵인지 죽은 듯이 고요한 속에서 짐승 같은 달의 숨소리가 손에 잡힐 듯이 들리며, 콩 포기와 옥수수 잎새가 한층 달에 푸르게 젖었다. 산허리는 온통 메밀밭이어서 피기 시작한 꽃이 소금을 뿌린 듯이 흐뭇한 달빛에 숨이 막

힐 지경이다. 붉은 대궁이 향기같이 애잔하고 나귀들의 걸음도 시원하다. 길이 좁은 까닭에 세 사람은 나귀를 타고 외줄로 늘어섰다. 방울소리가 시원스럽게 딸랑딸랑 메밀밭께로 흘러간다.

－『메밀꽃 필 무렵』

『메밀꽃 필 무렵』에서의 최고 묘사 장면이다. 한국 단편문학을 대표하는 멋진 장면 묘사다. 달밤의 아름다운 경치가 눈에 선하다. 눈으로 보는 이미지만 선명한 게 아니다. 짐승의 숨소리, 붉은 대궁의 향기, 딸랑딸랑거리는 방울 소리도 생생하다. 어둑어둑하지만 달빛을 받아 주변 사물이나 사람을 어느 정도 알아볼 정도의 풍경이 펼쳐지고, 소리와 향기까지 생생하게 살아난다면 마치 지금 내가 그곳에 있는 느낌이 들 것이다. 만약 그리된다면 절로 감탄의 소리가 나오리라. 아～ 정말 멋지구나!

그때 나는 조용한 밤중의 몇 시간씩을 ○○예배당에 가서 명상으로 시간을 보내는 것이 습관이 되어 있었습니다. 언덕 위에 홀로 서 있는 집으로서, 조용한 밤중에 혼자 앉아 있노라면 때때로 들보에서 놀라 깬 비둘기의 날개 소리와 간간이 기둥에서 뚝뚝 하는 소리밖에는 아무 소리도 들리지 않는, 말하자면 나 같은 괴상한 성미를 가진 사람이 아니면 돈을 주면서 들어가래도 들어가지 않을 음침한 집이었습니다. 그러나 나 같은 명상을 즐기는 사람에게는 다른 데서 구하기 힘들도록 온갖 것을 가진 집이었습니다. 외딸고 조용하고 음침하며 간간이 알지 못할 신비한 소리까지 들리며 멀리서는 때때로 놀란 듯한 기적(汽笛) 소리도 들리는…… 이것뿐으로도 상당한데, 게다가 이 예배당에는 피아노도 한 대 있었습니다.

— 『광염 소나타』

『메밀꽃 필 무렵』이나 『광염 소나타』는 모두 밤 풍경을 묘사한다. 그러나 느낌은 사뭇 다르다. 『메밀꽃 필 무렵』이 절로 아름다운 느낌이 묻어난다면 『광염 소나타』는 왠지 모르게 음침하다. 꼭 무언가 이상한 것이 튀어나올 듯하다. 음산한 분위기의 예배당에 놓인 피아노, 무언가 사건이 벌어질 듯한 기분이 들 것이다. 약간 무서운 느낌도 든다. 앞으로 무슨 일이 벌어질지 약간 걱정스런 기분으로 장면을 떠올린다면 상상은 성공이다.

선술집은 훈훈하고 뜨뜻하였다. 추어탕을 끓이는 솥뚜껑을 열 적마다 뭉게뭉게 떠오르는 흰 김, 석쇠에서 빠지짓 빠지짓 구워지는 너비아니 구이며, 제육이며, 간이며, 콩팥이며, 북어며, 빈대떡……. 이 너저분하게 늘어놓은 안주 탁자에 김 첨지는 갑자기 속이 쓰려서 견딜 수 없었다. 마음대로 할 양이면 거기 있는 모든 먹음 먹이를 모조리 깡그리 집어삼켜도 시원치 않았다. 하되, 배고픈 이는 우선 분량 많은 빈대떡 2개를 쪼기기로 하고 추어탕을 한 그릇 청하였다. 주린 창자는 음식 맛을 보더니 더욱더욱 비어지며 자꾸자꾸 들이라 들이라 하였다. 순식간에 두부와 미꾸리 든 국 한 그릇을 그냥 물같이 들이키고 말았다. 첫째 그릇을 받아들었을 제 데우던 막걸리 곱빼기 두 잔이 더 왔다. 치삼이와 같이 마시자 원원이 비었던 속이라 찌르르 하고 창자에 퍼지며 얼굴이 화끈하였다. 눌러 곱빼기 한 잔을 또 마셨다.

─「운수 좋은 날」

이 장면에서는 단순히 이미지만 떠올리지 말고 촉각과 후각을 살려내야 한다. 훈훈하고 따스한 느낌, 뭉게뭉게 떠오르는 흰 수증기의 보드라움이 피부를 통해 전해진다. 고기 굽는 냄새도 코를 자극한다. 음식점에서 맛있는 음식을 기다릴 때 느꼈던 기분을 그대로 되살리면 좋다. 아주 배고플 때 먹은 음식이 위와 창자를 자극하는 느낌도 떠올린다. 비를 맞으면서 하루 종일 힘들게 고생한 김 첨지는 배고픈 위장을 술과 국으로 채운다. 고생한 뒤에 배불리 먹은 느낌을 살리면 내가 곧 김 첨지가 된다.

기숙생에게 오는 사신을 일일이 검토하는 터이니까 그 따위 편지도 물론 B여사의 손에 떨어진다. 달짝지근한 사연을 보는 족족 그는 더할 수 없이 흥분되어서 얼굴이 붉으락푸르락, 편지 든 손이 발발 떨리도록 성을 낸다. 아마 까닭 없이 그런 편지를 받은 학생이야말로 큰 재변이었다. 하학하기가 무섭게 그 학생은 사감실로 불리어 간다. 분해서 못 견디겠다는 사람 모양으로 쌔근쌔근하며 방안을 왔다 갔다 하던 그는, 들어오는 학생을 잡아먹을 듯이 노리면서 한 걸음 두 걸음 코가 맞닿을 만큼 바싹 다가들어 서서 딱 마주친다. 웬 영문인지 알지 못하면서도 선생의 기색을 살피고 겁부터 집어먹은 학생은 한동안 어쩔 줄 모르다가 간신히 모기 만한 소리로,

"저를 부르셨어요?"

하고 묻는다.

"그래 불렀다. 왜!"

팍 무는 듯이 한마디하고 나서 매우 못마땅한 것처럼 교의를 우당퉁탕 당겨서 철썩 주저앉았다가 학생이 그저 서 있는 걸 보면,

"장승이냐? 왜 앉지를 못해."

하고 또 소리를 빽 지르는 법이었다. 스승과 제자는 조그마한 책상 하나를 새에 두고 마주 앉는다.

― 『B사감과 러브레터』

B사감은 여자 기숙사를 관리하는 선생님이다. 그런데 몹시 까다롭고 깐깐하다. 정말 못된 여자다. 연애편지를 전부 감시하고 연애편지가 오는 게 걸리면 죽도록 혼난다. 주변에서 봤던 깐깐한 여선생님을 떠올린 뒤, 그 선생님이 괜히 트집을 잡으며 괴롭히는 상황을 떠올리면 된다. 이 장면은 정지 화면이 아니다. 영화처럼 장면이 바뀌고, 대화가 오가고, 표정이 바뀌는 걸 상상해야 한다. 영화의 한 장면을 실감나게 떠올리면 된다.

불은 마치 피 묻은 살을 맛있게 잘라 먹는 요마(妖魔)의 혓바닥처럼 날름날름 집 한 채를 삽시간에 먹어 버리었다. 이와 같은 화염 속으로 뛰어 들어가는 사람이 하나 있으니 그는 다른 사람이 아니라 낮에 이 집을 쫓겨난 삼룡이다. 그는 먼저 사랑에 가서 문을 깨뜨리고 주인을 업어다가 밭 가운데 놓고 다시 들어가려 할 제 그의 얼굴과 등과 다리가 불에 데어 쭈그러져 드는 것을 알지 못하였다.

그는 건넌방으로 뛰어들었다. 그러나 색시는 없었다. 다시 안방으로 뛰어들었다. 그러나 또 없고 새서방이 그의 팔에 매달리어 구원하기를 애원하였다. 그러나 그는 그것을 뿌리쳤다. 다시 서까래에 불이 시뻘겋게 타면서 그의 머리에 떨어졌다. 그러나 그는 그것을 몰랐다. 부엌으로 가보았다. 거기서 나오다가 문설주가 떨어지며 왼팔이 부러졌다. 그러나 그것도 몰랐다. 그는 다시 광으로 가보았다. 거기도 없었다. 그는 다시 건넌방으로 들어갔다. 그때야 그는 색시가 타죽으려고 이불을 쓰고 누워 있는 것을 보았다. 그는 색시를 안았다. 그러고는 길을 찾았다. 그러나 나갈 곳이 없었다. 그는 하는 수 없이 지붕으로 올라갔다.

— 「벙어리 삼룡이」

집에 불이 붙었다. 삼룡이가 불로 뛰어들어 자신이 사랑하는 아씨를 구하려 한다. 평소에 못되게 굴었던 작은 주인은 구해주지 않는다. 불이 몸에 떨어졌지만 고통을 느끼지 못한다. 마치 액션 영화나 재난 영화의 한 장면 같다. 불길의 뜨거움을 상상하면 실감난다. 그리고 무엇보다 사랑하는 사람을 구하려는 절절한 마음을 떠올린다면 더욱 현실감이 넘친다. 글은 활자로 표현된 영화다.

눈물을 흘리고 간 담날 저녁나절이었다. 나무를 한 짐 잔뜩 지고 산을 내려오려니까 어디서 닭이 죽는 소리를 친다. 이거 뉘 집에서 닭을 잡나 하고 점순네 울 뒤로 돌아오다가 나는 고만 두 눈이 똥그랬다. 점순이가 저희 집 봉당에 홀로 걸터앉았는데 이게 치마 앞에다 우리 씨암탉을 꼭 붙들어 놓고는,

"이놈의 씨닭! 죽어라, 죽어라."

요렇게 암팡스레 패 주는 것이 아닌가. 그것도 대가리나 치면 모른다마는 아주 알도 못 낳으라고 그 볼기짝께를 주먹으로 콕콕 쥐어박는 것이다. 나는 눈에 쌍심지가 오르고 사지가 부르르 떨렸으나 사방을 한번 휘둘러보고야 그때서야 점순이 집에 아무도 없음을 알았다. 잡은 참 지게막대기를 들어 울타리의 중턱을 후려치며,

"이놈의 계집애! 남의 닭 알 못 낳으라구 그러니?"

하고 소리를 빽 질렀다.

그러나 점순이는 조금도 놀라는 기색이 없고 그대로 의젓이 앉아서 제 닭 가지고 하듯이 또 죽어라, 죽어라, 하고 패는 것이다.

— 「동백꽃」

이 글을 읽으면 장면이 머릿속에 선명하게 떠오른다. 어떤 기분으로 서로 대화를 하는지도 분명하게 느껴진다. 이미지와 목소리를 실제 벌어지는 것처럼 떠올리면 글도 함께 살아난다.

상상하며 읽기는 느리게 읽기다

상상하며 글을 읽는 훈련을 충분히 하고 나면 글을 읽는 재미가 달라진다. 글이 단순한 글이 아니라 마치 한 편의 영화를 보는 듯하다. 촉감이나 미각, 후각도 떠올릴 수 있기 때문에 영화보다 더 실감난다. 4D 영화보다 글을 상상하며 읽는 게 더 짜릿하다. 상상하며 읽기는 온몸으로 느끼는 독서다. 그래서 독서가 재미있다. 독서를 재미없어 하던 학생도 상상하며 독서하기를 끊임없이 반복하면 독서를 즐기는 학생으로 탈바꿈한다.

독서를 하면서 줄거리만 쫓아가면 남는 게 없다. 글을 읽는 건 오직 줄거리만 기억하기 위함이 아니다. 글을 읽는 과정에서 느끼는 감정도 무척 소중하며, 독해를 제대로 하기 위해서는 그 과정이 반드시 필요하다. 그렇기 때문에 너무 빠르게 읽는 게 좋지 않다. 빠르게 읽으면 상상할 틈이 없다. 상상의 꽃은 여유롭게 읽는 가운데 피어난다. 천천히 읽으면서 충분히 상상하고, 충분히 느끼면서 읽어야 제대로 된 독서다.

국어 독해력이 밥이다

2부

독해력 핵심 비법
_감정과 갈등

03 감정을 이해하기

학생들에게 물었다.

"엄마가 가장 생각날 때는?"

살아가면서 엄마의 사랑이나 고마움을 가장 많이 느낀 때가 언제였는지를 묻는 질문이었다. 한 학생이 머뭇거리지 않고 바로 답했다.

"몰컴(몰래 컴퓨터한다는 말)할 때요."

선생님은 학생의 답을 듣고 어리둥절했다.

"아니, 몰컴하는데 왜 엄마가 생각나?"

아이는 씩 웃었다.

"엄마한테 들킬까 봐, 엄마가 가장 많이 생각나요."

"헐!"

문학작품에 등장하는 어머니는 사랑과 희생, 따스한 품을 지닌 존재다. 물론 그렇지 않은 경우도 가끔 있지만 어머니라는 어휘는 그리움과 포근함을 생각나게 한다. 학교에서도 그렇게 가르친다. 그러나 이 학생에게 엄마는 '몰컴'을 들키지 않기 위해 눈치를 봐야 하는 존재다. 엄마라는 단어를 들으면 눈치를 보는 상황이 떠오르는 학생이 문학작품에 등장하는 어머니를 통해 그리움과 포근함을 느끼는 건 불가능하다. 그렇게 표현된 문학작품을 제대로 독해하지 못하는 건 당연하다.

"최첨단 아파트가 좋은 이유가 뭔지 아세요?"

다른 학생이 말했다.

"살기 편해서?"

"아니요. 엄마가 주차장으로 들어오는 게 거실에서 바로 뜨거든요. 그럼 절대 몰컴을 들키지 않죠. 이게 최첨단 아파트의 가장 좋은 점이에요."

이 정도니 문학 속 어머니가 독해되지 않을 수밖에…….

감정 읽기와 독해력의 상관 관계

보름달을 묘사한 글을 읽고 감상을 할 때였다. 보름달의 정감과 아름다움을 표현한 글을 읽었는데, 한 학생이 그 느낌을 전혀 이해하지 못했다. 뭐가 아름답다는 건지 납득이 가지 않는 표정이었다. 왜 그런지 궁금해서 물었더니 이렇게 답했다.

"달엔 곰보 자국이 있잖아요. 그래서 싫어요."

천체 망원경으로 달을 본 뒤에 그 학생에게 달은 정감어린 상징이 아니라 곰보자국만 무수하게 난 못난 존재가 돼 버렸다. 그런 학생이 달을 시적으로 그린 글을 제대로 받아들인다면 그게 오히려 이상하다.

대한민국의 많은 학교에서 왕따와 학대가 비일비재하게 일어난다. 많은 사람들이 이런저런 원인을 분석하는데, 여러 원인이 있겠지만 감정을 읽는 능력이 없는 게 중요한 원인임이 분명하다. 다른 사람을 괴롭히면서 그 사람이 나의 괴롭힘으로 인해 얼마나 힘든지 전혀 이해하지 못한다. 괴로운 느낌이 어떤지, 당하는 사람의 억울함과 비참함이 어떤지 느끼지 못한다. 주위에서 지켜보는 방관자도 마찬가지다. 왕따를 당하는 학생의 마음을 거의 느끼지 못한다. 그 아픔에 공감한다면 웬만한 사람은 방관자로 남아 있기 힘들다. 감정을 읽어낼 줄 모르는 학생, 감정을 파악할 줄 모르는 학생들이 왕따를 만들고, 왕따의 가해자가 된다.

글에는 사람의 감정이 담긴다. 사람은 감정을 지닌 존재이므로, 글에는 사람의 감정이 당연히 담긴다. 글 속에 담긴 사람의 감정을 읽어내지 못하면 글을 이해하지 못한다. 즉, 사람의 감정을 읽어낼 줄 모르는 학생은 독해력이 떨어질 수밖에 없다. 눈 앞에 보이는 사람의 생생한 감정조차 느끼지 못하는데 어떻게 책에 나온 인물의 감정을 이해하겠는가? 사람의 감정을 이해하지 못하면 독해는 불가능하다.

 감정의 종류

감정을 잘 읽어내지 못하기도 하지만, 학생들이 느끼는 감정의 종류도 극

히 제한된다. 대부분의 학생들은 감정을 딱 2개로만 파악한다. 하나는 '좋아요', 다른 하나는 '짜증나요'이다. 기쁘든, 설레든, 짜릿하든 그냥 '좋다'라고만 한다. 화가 나든, 심통이 나든, 서운하든 상관없이 무조건 '짜증난다'라고만 한다. 감정을 읽을 줄 모를 뿐만 아니라 자기 감정을 표현할 줄도 모른다.

즉, 감정 읽기를 못한다는 말은 감정 표현을 못한다는 말과 동일하다. 자기 감정을 제대로 표현할 줄 모른다는 말은 자기 감정을 제대로 모른다는 말이다. 오직 지적인 학습에만 치우쳐서 오랜 기간 지내다 보니 자기 감정을 표현하는 걸 너무나 어려워한다. 조금 심해지면 자기 감정이 뭔지 스스로도 잘 모른다. 그래서 감정 독해를 잘하려면 자기 감정을 잘 표현할 줄 알아야 한다. 자기 감정을 잘 표현하는 습관이 들면 다른 사람의 감정을 읽는 능력도 덩달아 커진다.

다음은 감정 언어다. 감정 표현이 어렵다면 아래에 소개한 감정 언어를 읽으면서 감정 언어에 익숙해지기를 당부한다. 감정 언어를 자꾸 읽으면서 자기 감정을 발견해보고, 다른 사람의 감정을 읽는 연습을 해보기 바란다. 일상에서 감정을 표현하고, 감정을 읽는 연습이 되면 글 속의 감정을 읽어내는 건 어렵지 않다.

밝음   반가워, 싱그러워, 자랑스러워, 따스해, 편안해, 사랑해, 즐거워, 고마워, 기뻐, 가벼워, 다정해, 예뻐, 홀가분해, 즐거워, 미더워, 뿌듯해, 시원해, 설레, 넉넉해, 듬직해, 살가워, 귀여워, 근사해, 두근거려, 애틋해, 흥겨워, 사랑해, 벅차, 재밌어, 살맛나, 상큼해, 상쾌해, 신나, 당당해, 끝내

줘, 멋져, 황홀해, 화끈해, 흥분돼, 짜릿해, 두근거려, 확고해

어둠   짜증나, 징그러워, 속상해, 썰렁해, 귀찮아, 겸연쩍어, 짓궂어, 아리송해, 역겨워, 억울해, 미워, 미쳐, 의심스러워, 구차스러워, 더러워, 질려, 독해, 억지스러워, 환장해, 서운해, 시시해, 치사해, 화나, 갑갑해, 차가워, 구질구질해, 원망스러워, 아까워, 쑥스러워, 억장이 무너져, 겁나, 무안해, 긴장돼, 서먹해, 불안해, 곤혹스러워, 착잡해, 몽롱해, 부담스러워, 암담해, 두려워, 슬퍼, 캄캄해, 무서워, 외로워, 측은해, 아파, 답답해, 안타까워, 민망해, 찜찜해, 우울해, 창피해, 아찔해, 미안해, 지쳐, 부끄러워, 걱정돼, 쪽팔려, 참담해, 비참해

– 출처 : 아리랑풀이 연구소

감정 읽기 연습

　글에는 인간의 감정이 담긴다. 인간의 감정을 모르면 독해를 못한다. 그러므로 글을 읽을 때는 글에 담긴 감정을 읽기 위한 노력을 꾸준히 해야 한다. 글 속에 흐르는 감정을 읽어내야 독해가 된다. 이제 글에 나타난 감정을 읽으려면 어떻게 해야 하는지, 감정을 읽는 게 얼마나 독해에서 중요한지 구체적인 글을 통해 확인해보겠다. 예문을 읽으면서 글에 나타난 감정을 스스로 파악해보기 바란다. 스스로 파악한 뒤에 설명을 읽어야 감정 읽기 훈련이 된다.

그의 아내는 시아우에게 상을 준 뒤에 물러오다가 그만 그의 발을 조금 밟았다.

"이년!"

그는 힘껏 발을 들어서 아내를 냅다 찼다. 그의 아내는 상 위에 거꾸러졌다가 일어났다.

"이년, 사나이 발을 짓밟는 년이 어디 있어?"

"거 좀 밟아서 발이 부러졌쉐까?"

아내는 낯이 새빨개져서 울음 섞인 소리로 고함친다.

"이년! 말대답이……."

그는 일어서서 아내의 머리채를 휘어잡았다.

"형님! 왜 이러십니까?"

아우가 일어서면서 그를 붙잡았다.

"가만 있거라. 이놈의 자식."

하며 그는 아우를 밀친 뒤에 아내를 되는 대로 내리짖었다.

"죽일 년, 이년! 나가거라."

"죽에라, 죽에라! 난 죽어도 이 집에선 못 나가."

"못 나가?"

"못 나가디 않구. 뉘 집이게……."

이때다. 그의 마음에는 그 '못 나가겠다'는 아내의 마음이 푹 들이박혔다. 그 이상 때리기가 싫었다. 우두커니 눈만 흘기고 있다가 그는,

"망할 년, 그럼 내가 나갈라."

하고 그만 문 밖으로 뛰어나와서,

"형님, 어디 갑니까?"

하는 아우의 말에는 대답도 안 하고 곁동네 탁주집으로 뒤도 안 돌아보고 가서, 거기 있는 술 파는 계집과 술상 앞에 마주 앉았다. 그날 저녁 얼큰히 취한 그는 아내를 위하여 떡을 한 돈어치 사 가지고 집으로 돌아왔다.

― 『배따라기』

감정을 읽는 게 어렵지 않은 글이다. 남편은 아우에게 잘 해주는 아내에 대한 원망으로 괜한 트집을 잡아서 화를 낸다. 첫 번째 감정은 '화'다. 화를 냈는데 '못 나가겠다'는 말에 웬일인지 화가 누그러진다. 왠지 아내가 마음에 든다. 내 여자라는 생각이 들기 때문이다. 두 번째 감정은 '아내를 좋아하는 감정과 어색함'이다. 술 마시고 돌아오면서 아내를 위해 선물을 사들고 온다. 세 번째 감정은 '아내를 향한 사랑'이다. 처음에 화가 나고, 그 다음 좋아하는 감정과 어색함이 교차한 뒤에, 아내를 사랑하고 아껴주는 마음으로 변한다. 짧은 시간 동안 감정이 참 많이도 변한다.

아내가 되고 남편이 된 지는 벌써 오랜 일이다. 어느덧 7, 8년이 지났으리라 하건만 같이 있어 본 날을 헤아리면 단 일 년이 될락말락 한다. 막 그의 남편이 서울서 중학을 마쳤을 제 그와 결혼하였고, 그러자마자 고만 동경(東京)으로 간 까닭이다. 거기서 대학까지 졸업을 하였다. 이 길고 긴 세월에 아내는 얼마나 괴로웠으며 외로웠으랴! 봄이면 봄, 겨울이면 겨울, 웃는 꽃을 한숨으로 맞았고 얼음 같은 베개를 뜨거운 눈물로 데웠다. 몸이 아플 때, 마음이 쓸쓸할 제, 얼마나 그가 그리웠으랴! 하건만 아내는 이 모든 고생을 이를 악물고 참았었다. 참을 뿐이 아니라 달게 받았었다. 그것은 남편이 돌아오기만 하면! 하는 생각이 그에게 위로를 주고 용기를 준 까닭이었다. 남편이 동경에서 무엇을 하고 있나? 공부를 하고 있다. 공부가 무엇인가? 자세히 모른다. 또 알려고 애쓸 필요도 없다. 어찌하였든지 이 세상에 제일 좋고 제일 귀한 무엇이라 한다. 마치 옛날 이야기에 있는 도깨비의 부자(富者) 방망이 같은 것이거니 한다. 옷 나오라면 옷 나오고, 밥 나오라면 밥 나오고, 돈 나오라면 돈 나오고…… 저 하고 싶은 무엇이든지 청해서 아니 되는 것이 없는 무엇을, 동경에서 얻어 가지고 나오려니 하였다. 가끔 놀러오는 친척들이 비단 옷 입은 것과 금반지 낀 것을 볼 때에 그 당장엔 마음 그윽히 부러워도 하였지만 나중엔 '남편만 돌아오면……'하고 그것에 경멸하는 시선을 던지었다. 남편이 돌아왔다. 한 달이 지나가고 두 달이 지나간다. 남편의 하는 행동이 자기의 기대하던 바와 조금 배치(背馳)되는 듯하였다. 공부 아니한 사람보다 조금도 다른 것이 없었다. 아니다. 다르다면 다른 점도 있다. 남은 돈벌이를 하는데, 그의 남편은 도리어 집안 돈을 쓴다.

- 「술 권하는 사회」

결혼을 했는데 7~8년의 세월 동안 남편 얼굴도 제대로 보지 못한 아내의 감정은 어떨까? 결혼을 한 건 분명한데 남편은 늘 멀리 있다면? 당연히 외롭고 힘들다. 그리고 남편이 돌아와 이 외롭고 힘겨운 시간이 지나고 희망찬 내일이 펼쳐지길 원한다. 기대감이다. 남편이 있는 다른 사람들이 부럽지만, 자신도 곧 남편이 돌아오면 훨씬 나을 거라고 스스로 위로한다.

힘들고 외롭고 괴로운 시간을 버텨낸 경험이 있다면 그걸 떠올려보기 바란다. 당장 하고 싶지만 시험 때문에 뒤로 미룬 경험, 졸리고 피곤하지만 점수가 잘 나올 거라는 희망을 품고 견디는 상황, 그런 상황에서 드는 느낌과 아내의 느낌이 비슷하다. 물론 결혼을 했는데 남편이 없는 상황에 놓인 아내의 외로움은 보통 사람보다 훨씬 크다.

외롭고 힘들 때, 남을 부러워하기도 했지만 애써 외면하고 희망을 품었던 아내는 남편이 돌아온 뒤에 기대와 달라 실망한다. 무언가를 절실히 바라고 원하지만 정작 그때가 되었을 때 기대에 못 미치는 경험을 떠올리면 아내의 실망감이 충분히 이해가 간다. 열심히 공부해서 시험을 잘 볼 거라고 기대했는데 결과가 몹시 안 좋은 경우, 수학여행 가는 날을 손꼽아 기다렸는데 막상 가보니 별로였던 경우, 그때 느끼는 실망감보다 더 큰 실망감을 윗글의 아내는 느꼈다.

아내의 안타까운 느낌이 마음에 다가온다면 이 글은 제대로 독해했다.

"내가 대문을 열었을 제 나 몰래 들어오지나 않았나?"
과연 방 안에 무슨 소리가 나는 것 같았다. 확실히 사람의 기척이 있다.

국어 독해력이 밥이다

어른에게 꾸중 모시러 가는 어린애처럼 조심조심 방문 앞에 왔다. 그리고 문간 아래로 손을 대며 하염없이 웃는다. 그것은 제 잘못을 용서해 줍시사 하는 어린애 같은 웃음이었다. 조심조심 방문을 열었다. 이불이 어째 움직 움직 하는 듯하였다.

"나를 속이려고 이불을 쓰고 누웠구면"

하고 마음속으로 소곤거렸다. 가만히 내려앉는다. 그 모양이 이것을 건 드려서는 큰일이 나지요 하는 듯하였다. 이불을 펄쩍 쳐들었다. 비인 요가 하얗게 드러난다. 그제야 확실히 아니 온 줄 안 것처럼,

"아니 왔구면, 안 왔어!"

하고 울듯이 부르짖었다.

－『술 권하는 사회』

한밤중에 남편이 혹시 들어왔나 하고 기대하던 아내다. 혹시 남편이 들어왔는데 자신이 잘못 봤나 생각하면서 남편이 들어왔을까 기대한다. 도톰하게 솟아 있는 이불을 보고 혹시나 하는 마음이 든다. 가슴이 쿵쾅거린다. 그러다 남편이 없는 걸 확인한다. 어떤 기분이 들까?

당연히 실망감이다. 잔뜩 기대하고, 혹시나 하는 마음이 컸는데 그 기대가 채워지지 않았으니 얼마나 실망이 크겠는가? 기대가 크면 실망도 큰 법이다.

"남대문 정거장까지 말씀입니까?"

하고, 김 첨지는 잠깐 주저하였다. 그는 이 우중에 우장도 없이 그 먼 곳을 칠벅거리고 가기가 싫었음일까? 처음 것, 둘째 것으로 고만 만족하였음일까? 아니다. 결코 아니다. 이상하게도 꼬리를 맞물고 덤비는 이 행운 앞에 조금 겁이 났음이다. 그리고 집을 나올 제 아내의 부탁이 마음에 켕기었다. 앞 집 마나님한테서 부르러 왔을 제 병인은 그 뼈만 남은 얼굴에 유월의 샘물 같은 유달리 크고 움푹한 눈에다 애걸하는 빛을 띄우며,

"오늘은 나가지 말아요. 제발 덕분에 집에 붙어 있어요. 내가 이렇게 아픈데……."

하고 모기 소리같이 중얼거리며 숨을 걸그렁걸그렁하였다. 그래도 김 첨지는 대수롭지 않은 듯이,

"이런, 젠장맞을 년. 빌어먹을 소리를 다 하네. 맞붙들고 앉았으면 누가 먹여 살릴 줄 알아."

하고 훌쩍 뛰어나오려니까 환자는 붙잡을 듯이 팔을 내저으며,

"나가지 말라도 그래, 그러면 일찍이 들어와요."

하고 목 메인 소리가 뒤를 따랐다.

정거장까지 가잔 말을 들은 순간에 경련적으로 떠는 손, 유달리 큼직한 눈, 울 듯한 아내의 얼굴이 김 첨지의 눈앞에 어른어른하였다.

"그래, 남대문 정거장까지 얼마란 말이요?"

하고 학생은 초조한 듯이 인력거꾼의 얼굴을 바라보며 혼잣말같이,

"인천 차가 열한 점에 있고, 그 다음에는 새로 두 점이던가."

하고 중얼거린다.

"일 원 오십 전만 줍시요."

이 말이 저도 모를 사이에 불쑥 김 첨지의 입에서 떨어졌다. 제 입으로 부르고도 스스로 그 엄청난 돈 액수에 놀랐다. 한꺼번에 이런 금액을 불러 라도 본 지가 그 얼마만인가! 그러자, 그 돈 벌 용기가 병자에 대한 염려를 사르고 말았다. 설마 오늘 안으로 어떠랴 싶었다. 무슨 일이 있더라도 제일 제이의 행운을 곱친 것보다도 오히려 갑절이 많은 이 행운을 놓칠 수 없다 하였다.

"일 원 오십 전은 너무 과한데."

이런 말을 하며 학생은 고개를 기웃하였다.

"아니올시다. 잇수로 치면 여기서 거기가 시오 리가 넘는답니다. 또 이런 진날에는 좀 더 주셔야지요."

하고 빙글빙글 웃는 차부의 얼굴에는 숨길 수 없는 기쁨이 넘쳐흘렀다.

"그러면 달라는 대로 줄 터이니 빨리 가요."

관대한 어린 손님은 그런 말을 남기고 총총히 옷도 입고 짐도 챙기러 갈 데로 갔다. 그 학생을 태우고 나선 김 첨지의 다리는 이상하게 가뿐하였 다. 달음질을 한다느니보다 거의 나는 듯하였다. 바퀴도 어떻게 속히 도는 지 군다느니보다 마치 얼음을 지쳐나가는 스케이트 모양으로 미끄러져가는 듯하였다.

- 「운수 좋은 날」

겁나는 마음, 움푹한 눈, 마음이 켕기는 상황, 애걸하는 얼굴 빛, 이런 단어들을 들으면 생각나는 감정은? 감정이 느껴지지 않으면 이미지를 상상해 보기 바란다. 생생한 이미지와 목소리를 떠올리면 거기서 감정이 느껴진다. 윗글에 나온 다음 표현을 다시 읽으면서 느껴보자.

'경련적으로 떠는 손, 유달리 큼직한 눈, 울 듯한 아내의 얼굴'

어떤 느낌이 드는가? 다시 강조하지만 감정을 느끼려면 이미지를 생생하게 떠올려야 한다. 김 첨지를 지배하고 있는 감정은 '불안'이다. 아내가 아픈데, 전 같지 않게 훨씬 안 좋은 예감이 든다. 돈을 벌 욕심은 있지만 불안감이 커지자 과연 돈을 계속 벌어야 하는지 걱정이다.

불안에 떨던 김 첨지에게 돈을 많이 내는 손님이 걸렸다. 그때 김 첨지의 감정을 표현한 글을 보자.

'학생을 태우고 나선 김 첨지의 다리는 이상하게 가뿐하였다. 달음질을 한다느니보다 거의 나는 듯하였다. 바퀴도 어떻게 속히 도는지 굴다느니보다 마치 얼음을 지쳐나가는 스케이트 모양으로 미끄러져가는 듯하였다.'

가뿐함, 나는 듯, 미끄러지는 듯한 상태! 어떤 기분이 드는가? 앞서서 느끼던 불안감은 씻은 듯이 사라져버렸다. 오직 돈을 많이 벌게 되었다는 기쁨이 김 첨지를 지배한다. 한편으로는 불안하고 걱정되지만, 또 한편으로는 기쁨이 큰 상황! 김 첨지의 내면은 이처럼 정반대의 감정이 교차한다.

"고향에 가시니 반가워하는 사람이 있습디까?"

나는 탄식하였다.

"반가워하는 사람이 다 뭔기오, 고향이 통 없어졌더마."

"그렇겠지요. 9년 동안이나 퍽 변했겠지요."

"변하고 뭐고 간에 아무것도 없더마. 집도 없고, 사람도 없고, 개 한 마리도 얼씬을 않더마."

"그러면, 아주 폐농이 되었단 말씀이오?"

"흥, 그렇구마. 무너지다 만 담만 즐비하게 남았드마. 우리 살던 집도 터야 안 남았는기오, 암만 찾아도 못 찾겠더마. 사람 살던 동리가 그렇게 된 것을 혹 구경했는기오?"

하고 그의 짜는 듯한 목은 높아졌다.

"썩어 넘어진 서까래, 뚤뚤 구르는 주추는! 꼭 무덤을 파서 해골을 헐어 젖혀 놓은 것 같더마. 세상에 이런 일도 있는기오? 백여호 살던 동리가 10년이 못 되어 통 없어지는 수도 있는기오, 후!"

하고 그는 한숨을 쉬며, 그때의 광경을 눈앞에 그리는 듯이 멀거니 먼 산을 보다가 내가 따라 준 술을 꿀꺽 들이켜고,

"참! 가슴이 터지더마, 가슴이 터져."

하자마자 굵직한 눈물 뒤 방울이 뚝뚝 떨어진다.

나는 그 눈물 가운데 음산하고 비참한 조선의 얼굴을 똑똑히 본 듯싶었다.

— 「고향」

100가구가 넘는 동네였다. 9년 정도 떠돌아다니다 돌아왔다. 그런데 동네는 완전히 폐허가 되었다. 옛날의 흔적은 남아 있지만 마을엔 사람 한 명 살지 않는다. 어떤 기분일까? 그는 "가슴이 터진다"라고 말한다. 가슴이 터지는 느낌은 어떤 걸까? 가슴이 터진다는 말을 하면서 '굵은 눈물'을 흘릴 때의 기분은 어떨까?

글쓴이는 눈물 가운데 '음산하고 비참한 조선의 얼굴'을 보았다고 썼다. 고향이 사라져 버린 허무함! 마을을 없애 버린 자들에 대한 분노! 다시 돌아갈 고향이 없는 사람의 비참함! 그는 허무하고, 비참하다. 정말 처절한 감정이다. 그리고 그가 느낌 감정은 일제의 지배를 받는 식민지 백성들의 공통된 감정이었다.

어떤 때는 낮잠 자는 벙어리 입에다가 똥을 먹인 때도 있었다. 또 어떤 때는 자는 벙어리 두 팔 두 다리를 살며시 동여매고 손가락과 발가락 사이에 화승불을 붙여 놓아 질겁을 하고 일어나다가 발버둥질을 하고 죽으려는 사람처럼 괴로워하는 것을 보고 기뻐하였다.

이러할 때마다 벙어리의 가슴에는 비분한 마음이 꽉 들어찼다. 그러나 그는 주인의 아들을 원망하는 것보다도 자기가 병신인 것을 원망하였으며, 주인의 아들을 저주한다는 것보다 이 세상을 저주하였다.

그러나 그는 결코 눈물을 흘리지 않았다. 그의 눈물은 나오려 할 때 아주 말라붙어 버린 샘물과 같이 나오려 하나 나오지를 아니하였다. 그는 주인의 집을 버릴 줄 모르는 개 모양으로 자기가 있어야 할 곳은 여기밖에 없고, 자기가 믿을 것도 여기 있는 사람들밖에 없을 줄 알았다. 여기서 살다가 여기서 죽는 것이 자기의 운명인 줄밖에 알지 못하였다. 자기의 주인 아들이 때리고 지르고 꼬집어 뜯고 모든 방법으로 학대할지라도 그것이 자기에게 으레 있을 줄밖에 알지 못하였다. 아픈 것도 그 아픈 것이 으레 자기에게 돌아올 것이요, 쓰린 것도 자기가 받지 않아서는 안 될 것으로 알았다. 그는 이 마땅히 자기가 받아야 할 것을 어떻게 해야 면할까 하는 생각을 한 번도 하여 본 일이 없었다.

— 「벙어리 삼룡이」

글을 읽다 보면 감정을 표현하는 단어들이 종종 눈에 띈다. 감정을 읽기 위해서는 감정을 표현하는 단어를 확인하는 과정이 필요하다. 다음은 윗글 중 일부다. 글을 읽고 감정을 나타내는 단어에 표시를 해보자. 설명을 보기 전에 꼭 스스로 해보기를 바란다.

이러할 때마다 벙어리의 가슴에는 비분한 마음이 꽉 들어찼다. 그러나 그는 주인의 아들을 원망하는 것보다도 자기가 병신인 것을 원망하였으며, 주인의 아들을 저주한다는 것보다 이 세상을 저주하였다.

이 글에서 감정을 표현하는 언어는 '비분', '원망', '저주'다. 비분, 원망, 저주는 보통 때 쓰는 표현이 아니다. 엄청나게 강한 분노를 느낄 때 선택하는 어휘다. 벙어리 삼룡이는 지금 엄청난 분노, 상상도 하지 못할 분노에 휩싸였다. 그러나 분노를 표현하지는 못한다. 꼭꼭 숨긴다.

아픈 것도 그 아픈 것이 으레 자기에게 돌아올 것이요, 쓰린 것도 자
기가 받지 않아서는 안 될 것으로 알았다.

실제로는 엄청나게 화가 나면서도 아프고 쓰린 걸 당연하게 여긴다. 자기
신세가 나아질 거라는 기대도 없고, 힘겨운 현실을 바꾸겠다는 의지도 없다.
체념이다. 그저 순응하며 살아가는 삶이다. 체념과 순응, 벙어리 삼룡이의 감
정을 지배하는 단어다.

엄청난 분노와 순응, 서로 함께 있을 수 없는 감정을 안고 살아가는 벙어
리 삼룡이의 마음은 왕따를 당하는 아이의 마음과 너무나 비슷하다. 속으
로는 엄청난 분노를 느끼면서도 어쩌지 못하는 세상에 체념하고 순응하며
사는 왕따와 벙어리 삼룡이의 감정은 거의 일치한다.

언제 구웠는지 더운 김이 홱 끼치는 굵은 감자 세 개가 손에 뿌듯이 쥐
였다.
"느 집엔 이거 없지?"
하고 생색 있는 큰소리를 하고는 제가 준 것을 남이 알면 큰일날 테니
여기서 얼른 먹어 버리란다. 그리고 또 하는 소리가,
"너 봄감자가 맛있단다."
"난 감자 안 먹는다. 너나 먹어라."

나는 고개도 돌리지 않고 일하던 손으로 그 감자를 도로 어깨 너머로 쑥 밀어 버렸다. 그랬더니 그래도 가는 기색이 없고, 뿐만 아니라 쌔근쌔근하고 심상치 않게 숨소리가 점점 거칠어진다. 이건 또 뭐야 싶어서 그때에야 비로소 돌아다보니 나는 참으로 놀랐다. 우리가 이 동네에 들어온 것은 근 삼 년째 되어오지만 여태껏 가무잡잡한 점순이의 얼굴이 이렇게까지 홍당무처럼 새빨개진 법이 없었다. 게다가 눈에 독을 올리고 한참 나를 요렇게 쏘아보더니 나중에는 눈물까지 어리는 것이 아니냐. 그리고 바구니를 다시 집어 들더니 이를 꼭 악물고는 엎어질 듯 자빠질 듯 논둑으로 횡하게 달아나는 것이다.

— 『동백꽃』

점순이는 봄감자를 내밀며 은근히 고백을 했다. 사랑하는 마음을 전했다. 그런데 주인공은 매정하게 거절했다. 사랑을 전했는데 거절당한 점순이 마음은 어떨까? 누군가에게 사랑한다고 말했는데, 냉정한 답변이 돌아온다면 어떤 기분이 들까?

…(전략)…

홍당무처럼 새빨개진 법이 없었다. 게다가 눈에 독을 올리고 한참 나를 요렇게 쏘아보더니 나중에는 눈물까지 어리는 것이 아니냐. 그리고 바구니를 다시 집어 들더니 이를 꼭 악물고는 엎어질 듯 자빠질 듯 논둑으로 횡하게 달아나는 것이다.

홍당무처럼 빨개지고, 눈에 독이 오르듯 쳐다보고, 눈물까지 흐른다. 홍당무처럼 빨개진 얼굴은 사랑 고백을 거절당했을 때 느끼는 무안하고 창피한 기분을 드러낸다. 눈에 독이 오르는 건 분노다. '네가 감히 내 사랑을 거절해?'하는 마음이다. 눈물은 분노의 눈물일 수도 있고, 슬픔의 눈물일 수도 있다.

이후 점순이는 주인공의 닭을 괴롭히는 걸로 복수를 대신한다. 화가 단단히 난 모양이다. 물론 그건 또 다른 사랑의 표현이다.

'아니다. 참자. 흙과 친하자!'

수택은 벌떡 일어났다. 참새 떼가 와아 하고 풍긴다. 이 젊은 도회인이 도회의 환상에 사로잡힌 동안 참새 떼들은 양양해서 벼톨을 까먹고 있었던 것이다.

"우여, 우이!"

건너 달강이로 옮겨 앉는 참새를 쫓으면서 논둑을 달리었다. 참새 떼는 적어도 수백 마리는 되는 것 같았다. 한 마리가 한 알씩만 까먹었대도 수백 톨을 까먹었을 것이다. 그는 달리다 말고 벼 이삭에 눈을 주었다. 누렇게 익은 벼폭들이 생기가 없다. 그때 울컥하고 가슴에 치미는 것이 있다. 증오였다. 도시 생활에서 세련이 된 현대인의 증오였다. 이 갖은 정성과 피와 땀으로 가꾼 곡식을 장난하듯 까먹고 다니는 참새에 대한 증오가 현기증이 날 정도로 머리에 찬다.

"우여! 우이!"

: 국어 독해력이 밥이다 :

꼼짝도 않고 참새 떼는 못 견디어 하는 이삭에 그대로 조롱조롱 매달렸다. 그는 무서운 정열로 기관총을 사모했다. 전쟁 영화에서 보듯이 한 빙 빙 둘러 쏘면 톡톡 소리와 함께 소나기처럼 떨어질 참새 떼를 상상하는 것만으로 이 도회인의 감각은 기분 간의 위안을 받는 것이었다. 도둑놈을 때릴 때 아버지가 자기에게 느끼던 증오도 이런 것이었을까?

— 『제1과 제1장』

이 글을 읽고 감정을 표현하는 단어에 밑줄을 그어 보자. 아주 강렬하면서 명확한 감정 언어가 나타나 있다. 그건 바로 '증오'다. 증오는 단순히 미워하는 게 아니다. 철천지원수처럼 미워하는 감정이다. 증오라는 말은 웬만큼 미워해서는 쓰지 않는다. 감정을 이해한다는 건 단순히 증오라는 단어를 찾아냈다고 해서 끝나는 게 아니다. 주인공이 자기 논의 벼를 까먹는 참새를 보고 왜 단순한 미움의 감정이 아니라 '증오'의 감정을 느꼈는지 이해하는 게 중요하다. 증오라는 단어는 찾아냈지만, 증오를 하는 이유를 알지 못하면, 또 그 이유에 공감하지 못하면 이 글을 제대로 독해한 게 아니다.

주인공은 도대체 왜 그렇게 벼를 까먹는 참새에게 분노를 느꼈을까? 주인공은 도시에서 시골로 귀농을 했다. 농사가 서툴러 죽을 고생을 해 가며 농사를 지었다. 자신이 피땀 흘려 지은 농사가 결실을 기다린다. 그런데 그 결실을 참새 떼가 너무나 쉽게 먹어 버린다.

자신이 피땀 흘려 쌓은 성과물을 누군가가 장난하듯 빼앗아갈 때 어떤 기분이 들지 생각해보자. 한 5개월 정도 죽을 고생을 해서 어떤 물건을 만들었는데 누군가 그 물건을 훔쳐 가 버린다면 어떨까? 5개월 동안 잠도 못자고 고생고생해서 만들었는데 그걸 훔쳐 간 사람에게 어떤 기분을 느낄까? 아마 굉장히 화가 날 것이다. 그건 그냥 미워하는 게 아니라 철저하게 미워하는 감정, 바로 증오다.

여기서 한 가지 더 생각할 건 벼에 대한 주인공의 감정이다. 벼에 대해 느끼는 주인공의 감정은 바로 사랑이다. 자신의 피와 땀을 바쳤기에 사랑스럽다. 너무나 사랑하기에 사랑하는 벼를 빼앗아 가는 참새를 증오한다. 사랑이 없다면 증오도 없다.

충주집 문을 들어서서 술좌석에서 짜장 동이를 만났을 때에는 어찌된 서슬엔지 발끈 화가 나 버렸다. 상위에 붉은 얼굴을 쳐들고 제법 계집과 농탕치는 것을 보고서야 견딜 수 없었던 것이다. 녀석이 제법 난질군인데 꼴사납다. 머리에 피도 안 마른 녀석이 낮부터 술 처먹고 계집과 농탕이야. 장돌뱅이 망신만 시키고 돌아다니누나. 그 꼴에 우리들과 한몫 보자는 셈이지. 동이 앞에 막아서면서부터 책망이었다. 걱정두 팔자요 하는 듯이 빤히 쳐다보는 상기된 눈망울에 부딪칠 때, 얼결김에 따귀를 하나 갈겨주지 않고는 배길 수 없었다. 동이도 화를 쓰고 팩하고 일어서기는 하였으나, 허생원은 조금도 동색하는 법 없이 마음먹은 대로 다 지껄였다.

"어디서 주워 먹은 선머슴인지는 모르겠으나, 네게도 아비 어미 있겠지. 그 사나운 꼴 보면 맘 좋겠다. 장사란 탐탁하게 해야 돼지, 계집이 다 무어야. 나가거라, 냉큼 꼴 치워."

그러나 한마디도 대거리하지 않고 하염없이 나가는 꼴을 보려니, 도리어 측은히 여겨졌다. 아직두 서름서름한 사인데 너무 과하지 않았을까 하고 마음이 섬뜩해졌다.

- 『메밀꽃 필 무렵』

충주집과 놀아난 동이를 보고 허생원은 화가 난다. 그래서 따귀까지 한 대 때린다. 그런데 막상 야단을 치고 나니 감정이 바뀐다. 동이가 측은하고, '너무 과하지 않았나' 하는 생각에 미안한 마음이 든다. 사람의 감정이란 하나가 아니다. 늘 같은 감정에 머물지 않는다. 상황에 따라, 시간에 따라 바뀐다. 감정은 늘 움직인다.

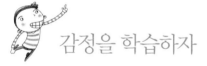 감정을 학습하자

늘 바뀌는 사람의 감정을 이해하면, 사람을 이해하게 된다. 사람은 감정을 지닌 존재이며, 감정의 지배를 받는 존재다. 결정적인 순간에 사람은 합리적인 판단보다는 감정적인 판단을 하는 경우가 훨씬 많다. 다른 건 이해하기 쉬워도 감정을 이해하는 건 늘 어렵다. 감정 읽기는 사람다운 세상을 만들기 위해 반드시 가르쳐야 할 능력이다. 물론 감정 표현 능력도 꼭 필요하다. 감정이 자유로울 때 진실로 자유로운 사람이 된다.

04 성격을 이해하기

"이 주인공의 성격은 어떤 거 같니?"

고민하던 학생이 대답했다.

"착해요."

"착해? 하긴, 이런 상황을 겪고 나면 사람이 착해지기는 하지. 성격은 어때?"

다시 조금 고민하던 학생이 대답했다.

"나빠요."

"휴, 착하다와 나쁘다 말고 다른 성격은 없니?"

"글쎄요. 성격이 원래 착한 거랑 나쁜 거만 있는 거 아닌가요?"

글에 나온 인물의 성격을 직접 분석해보라고 하면 성격을 오직 착함과 나쁨으로만 구분하는 학생이 매우 많다. 조금 괜찮은 성격이면 그냥 뭉뚱그려서 착하고, 조금 부정적인 성격이면 그냥 나쁘다고만 한다. 세상에는 성격이 착함과 나쁨 딱 두 종류만 있는 것처럼 여긴다.

글에 나온 인물의 성격을 함께 분석하고 설명을 하면 그제서야 이해를 한다. 그러나 그때뿐이다. 다시 새로운 글에 나온 인물의 성격을 분석하라고 하면 착함과 나쁨으로 돌아가 버린다. 착함과 나쁨 말고 다른 걸 찾아보라고 과제를 내면 너무 어렵다면서 괴로워한다.

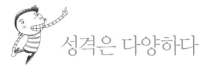

성격은 다양하다

성격은 사람의 본바탕이다. 성격 파악을 제대로 못한다는 건 사람의 본바탕에 대한 이해가 부족하기 때문이다. 사람의 다양한 면을 보지 못하고 오직 착함과 나쁨으로만 구별하는 고정관념이 깊이 박혔기 때문이다.

다음은 사람의 성격을 나타내는 언어를 대략 네 가지로 구분한 분류표다. 인간의 다양한 성격을 표현하는 언어를 익히면서 주위에 이런 단어에 적합한 인물이 있는지 떠올려보기 바란다.

> **매우 긍정적인 성격** 너그러운, 반듯한, 솔직한, 온순한, 밝은, 쾌활한, 긍정적인, 굳센, 겸손한, 대범한, 낙천적인, 느긋한, 당당한, 믿음직한, 솔직한, 순진한, 익살스런, 정직한, 자유로운, 따뜻한, 호탕한, 낭만적인, ……

약간 긍정적인 성격   이성적인, 감정적인, 내성적인, 외향적인, 완벽한, 철두철미한, 소탈한, 과묵한, 고집스런, 단호한, 대쪽같은, 섬세한, ……

약간 부정적인 성격   소심한, 우울한, 산만한, 안절부절 못하는, 자기 중심적인, 예민한, 가식적인, 고리타분한, 구질구질한, 덤벙거리는, 답답한, 방정맞은, 숙맥인, 억센, 옹졸한, 좀스런, 칙칙한, 촐싹대는, 겉치레에 신경쓰는, 질투하는, 새침한, ……

매우 부정적인 성격   호전적인, 다혈질인, 불같은, 반항적인, 난폭한, 거친, 제멋대로인, 삭막한, 사악한, 험악한, 거만한, 치사한, 잔인한, ……

    사람의 성격은 워낙 다양하기 때문에 겉으로 드러나는 행동이나 말을 통해서 성격을 정확하게 파악하기는 매우 어렵다. 어떤 때는 소심한 사람이 어떤 때는 대범하고, 어떤 때는 치사하던 사람이 어떤 때는 너그럽기도 하다. 상황과 조건에 따라서, 기분에 따라서 실제 사람의 성격은 매우 다양하게 나타나며, 수시로 변하기도 한다.

    그러나 글 속에 나타난 인물의 성격은 대체로 고정적이다. 성격을 바꿀 만한 계기가 없는 한 성격은 그대로다. 글에 나타난 인물은 작가가 일정한 성격을 부여하여 캐릭터를 만들었기 때문에 성격이 분명하게 드러난다. 따라서 글에 나타난 인물의 성격을 이해하기가 실제 사람의 성격을 파악하기보다 훨씬 쉽다.

    : 국어 독해력이 밥이다 :

사람을 알려면 성격을 알아야 한다. 성격을 통해 그 사람의 생각이나 행동을 예상할 수 있다. 왜 그렇게 행동하고 말했는지도 이해가 된다. 성격을 알아야 사람을 이해하고, 사람을 이해해야 독해를 제대로 한다. 이제 글에 나타난 성격을 파악하려면 어떻게 해야 하는지, 성격을 읽어내는 게 얼마나 중요한지 구체적인 글을 통해 확인해보겠다.

예문을 읽으면서 글에 나타난 성격을 스스로 파악해보기 바란다. 스스로 파악한 뒤에 설명을 읽어야 성격 파악 훈련이 된다.

부부 사이는 좋았지만, 아니 오히려 좋으므로 그는 아내에게 시기를 많이 하였다. 품행이 나쁘다는 것이 아니라, 그의 아내는 대단히 쾌활한 성질로서 아무에게나 말 잘하고 애교를 잘 부렸다.

그 동리에서는 무슨 명절이나 되면, 집이 그중 깨끗함을 핑계 삼아, 젊은이들은 모두 그의 집에 모이곤 하였다. 그 젊은이들은 모두 그의 아내에게 '아즈머니'라 부르고, 그의 아내는 아내대로 '아즈바니, 아즈바니' 하며 그들과 지껄이고 즐기며, 그 웃기 잘하는 입에는 늘 웃음을 흘리고 있었다.

그럴 때마다 그는 한편 구석에서 눈만 흘근거리며 있다가, 젊은이들이 돌아간 뒤에는 불문곡직하고 아내에게 덤벼들어, 발길로 차고 때리며 이전에 사다 주었던 것을 모두 거두어 올린다. 싸움을 할 때에는 언제든 곁집 있는 아우 부부가 말리러 오며 그렇게 되면 언제든 그는 아우 부부까지 때려 주었다.

― 『배따라기』

평상시 누군가의 성격을 정확히 알아내는 건 쉽지 않다. 그러나 소설에 등장하는 인물의 성격은 크게 고민하지 않아도 작가가 대부분 설명해주므로 이해하기가 어렵지 않다. 『배따라기』의 작가도 주요 등장인물인 아내와 남편의 성격을 분명하게 설명해준다.

작가의 설명에 따르면 아내는 쾌활하고, 애교를 잘 부리며, 동네 젊은이들과 잘 어울리고, 웃기도 잘하는 여자다. 반면에 남편은 그런 아내가 별로 마음에 들지 않는다. 다른 젊은이들과 어울리는 아내를 보고 질투를 하고, 툭하면 때리는 등 폭력적인 면도 많다. 성격을 설명하는 글을 읽으면서 그런 성격의 인물은 어떨지 구체적으로 상상해보기 바란다. 이럴 때 상상의 힘을 발휘해야 한다.

드러난 성격만 보면 둘은 함께 살기가 쉽지 않아 보인다. 전혀 다른 두 성격이 만났으므로 갈등이 생길 수밖에 없다.

그(김 첨지)의 아내가 기침으로 쿨룩거리기는 벌써 달포가 넘었다. 조밥도 굶기를 먹다시피 하는 형편이니 물론 약 한 첩 써본 일이 없다. 구태여

:국어 독해력이 밥이다:

쓰려면 못쓸 바도 아니로되, 그는 병이란 놈에게 약을 주어 보내면 재미를 붙여서 자꾸 온다는 자기의 신조(信條)에 어디까지 충실하였다.

-『운수 좋은 날』

작가가 성격을 설명해주면 성격을 쉽게 파악할 수 있지만 성격을 직접 설명해주지 않으면 글 속에서 성격을 읽어내야 한다. 『운수 좋은 날』에 등장하는 김 첨지는 아내가 아픈데도 굳이 약을 쓰지 않는다. 달포, 그러니까 한 달이 넘게 아팠는데도 약을 쓰지 않는다. 약을 써야 하는데도 병에 약을 쓰면 병이 자꾸 찾아온다고 믿고는 약을 쓰지 않는다. 아내가 아픈데도 자기 신념을 고집스럽게 지킨다. 여기서 김 첨지의 성격이 드러난다.

김 첨지는 약을 쓰면 병이 자꾸 찾아온다는 미신을 믿는다. 사랑하는 아내가 한 달 넘게 아프면 그런 미신을 버릴 만도 하건만 고집스럽게 미신을 따른다. 여기서 김 첨지가 미신에 젖어 있고, 자기 믿음을 좀처럼 꺾지 않는 고집스런 사람임을 알게 된다. 아마 김 첨지는 병에 관한 미신 말고도 다른 미신을 많이 믿을 것이며, 다른 사람이 뭐라고 하든 자기 고집대로 사는 사람일 것이다. 성격은 삶과 행동을 통해 드러난다.

기실 보도 듣도 못한 남성이 한 노릇이요, 자기에게는 아무 죄도 없는 것을 변명하여도 곧이듣지를 않는다. 바른 대로 아뢰어야 망정이지 그렇지 않으면 퇴학을 시킨다는 둥, 제 이름도 모르는 여자에게 편지할 리가 만무하다는 둥, 필연 행실이 부정한 일이 있으리라는 둥……

하다 못해 어디서 한 번 만나기라도 하였을 테니 어찌해서 남자와 접촉을 하게 되었느냐는 둥, 자칫 잘못하여 학교에서 주최한 음악회나 바자회에서 혹 보았는지 모른다고 졸리다 못해 주워 댈 것 같으면 사내의 보는 눈이 어떻더냐, 표정이 어떻더냐, 무슨 말을 건네더냐, 미주알고주알 캐고 파며 어르고 볶아서 넉넉히 십 년 감수는 시킨다.

두 시간이 넘도록 문초를 한 끝에는 사내란 믿지 못할 것, 우리 여성을 잡아먹으려는 마귀인 것, 연애가 자유이니 신성이니 하는 것도 모두 악마가 지어낸 소리인 것을 입에 침이 없이 열에 떠서 한참 설법을 하다가 닦지도 않은 방바닥(침대를 쓰기 때문에 방이라 해도 마룻바닥이다)에 그대로 무릎을 꿇고 기도를 올린다. 눈에 눈물까지 글썽거리면서 말 끝마다 하느님 아버지를 찾아서 악마의 유혹에 떨어지려는 어린 양을 구해 달라고 뒤삶고 곱삶는 법이었다.

– 「B사감과 러브레터」

『B사감과 러브레터』에서 B사감이 어떤 여자인지 보여주는 글이다. B사감은 여자 기숙사 사감인데, 여자 기숙사에 오는 연애편지를 발견하면 편지를 받는 대상자인 여학생을 불러서 엄청나게 구박을 한다. 말도 안 되는 논리로 연애편지를 받은 여학생을 구박하는 B사감의 성격은 정상인처럼 보이지 않는다.

국어 독해력이 밥이다

연애를 하면 안 된다는 B사감의 생각에 동의하더라도, 여자 기숙사에 있는 여학생들은 자기 의지와 관계없이 연애편지를 받았기 때문에 아무런 책임이 없다. 그런데도 B사감은 연애편지를 받았다는 이유만으로 여학생을 불러다 몇 시간씩 구박하고 잔소리를 한다. 아무런 잘못이 없는 사람을 말도 안 되는 근거를 들어가며 몇 시간씩 구박하고, 야단친 뒤에 마루에 무릎 꿇고 함께 기도하며 순결을 지키자는 이야기를 하는 나이 많은 여자를 생각해 보자. 머릿속에 영상을 떠올리면 B사감의 성격도 함께 떠오른다. B사감은 깐깐하고, 고집스러우며, 자기 중심적이고, 표독스럽다. 이런 선생님이 학교에 있다면 거의 모든 학생들에게 가장 싫어하는 선생님으로 뽑히지 않을까?

그는 몹시 부지런한 중년 늙은이로 아침이면 새벽 일찍이 일어나서 앞뒤로 뒷짐을 지고 돌아다니며 집안일을 보살피는데 그 동네에는 그가 마치 시계와 같아서 그가 일어나는 때가 동네 사람이 일어나는 때였다. 만일 그가 아침에 돌아다니며 잔소리를 하지 않으면 동네 사람들이 이상하여 그의 집으로 가보면 그는 반드시 몸이 불편하여 누웠었다. 그러나 그와 같은 때는 일 년 삼백육십 일에 한 번 있기가 어려운 일이요, 이태나 삼 년에 한 번 있거나 말거나 하였다.

그가 이곳으로 이사를 온 지는 얼마 되지는 아니하나 언제든지 감투를 쓰고 다니므로 동네 사람들은 양반이라고 불렀고, 또 그 사람도 동네 사람들에게 그리 인심을 잃지 않으려고 섣달이면 북어쾌, 김톳을 동네 사람에게 나눠 주며 농사 때에 쓰는 연장도 넉넉히 장만한 후 아무 때나 동네 사

람들이 쓰게 하므로 그 동네에서는 가장 인심 후하고 존경을 받는 집인 동
시에 세력 있는 집이다.

— 「벙어리 삼룡이」

이 글에서 '그'는 벙어리 삼룡이의 주인이다. 이 글은 '그'의 성격을 잘 보여
준다. 시계와 같이 규칙적으로 생활하고, 몸이 불편할 때가 아니면 같은 시
간에 늘 동네를 돌아다니며 잔소리를 하는 사람이 '그'다. 유명한 철학자 칸
트도 비슷했다고 하는데, 이런 사람들은 규칙적이고, 부지런하다.

첫 번째 문단이 그의 부지런함과 규칙적인 성격을 보여준다면, 두 번째
문단은 그가 동네에서 인심을 얻는 비법을 보여준다. 동네 사람들에게 정성
을 들이고, 선물도 때 맞춰 주고, 농사 때는 사람들이 필요한 농기구를 마음
대로 쓰게 해줄 정도로 인심이 좋다. 참 넓은 마음씨로 사람들을 위할 줄
안다.

벙어리 삼룡이의 주인이 규칙적이면서도 인심이 좋은 사람, 훌륭한 성격
과 인품을 지닌 사람임을 드러내는 글이다. 주인의 훌륭한 인품을 도드라지
게 보여주는 이유는 나중에 확인하겠지만 주인 아들의 망나니 같은 성격과
대조적이기 때문이다. 주인의 넓은 마음은 벙어리 삼룡이가 충성하는 이유
가 되고, 주인 아들의 망나니 같은 성격은 벙어리 삼룡이가 불만을 품게 되
는 이유가 된다.

국어 독해력이 밥이다

동네 사람들이 부르기를 삼룡이라고 부르는 법이 없고 언제든지 "벙어리", "벙어리"'라고 하든지 그렇지 않으면 "앵모", "앵모" 한다. 그렇지만 삼룡이는 그 소리를 알지 못한다. 그도 이 집 주인이 이리로 이사를 올 때에 데리고 왔으니 진실하고 충성스러우며 부지런하고 세차다. 눈치로만 지내 가는 벙어리지마는 듣는 사람보다 슬기로운 적이 있고 평생 조심성이 있어서 결코 실수한 적이 없다. 아침에 일어나면 마당을 쓸고, 소와 돼지의 여물을 먹이며, 여름이면 밭에 풀을 뽑고 나무를 실어 들이고 장작을 패며, 겨울이면 눈을 쓸며 장 심부름과 진일 마른일 할 것 없이 못하는 일이 없다. 그럴수록 이 집 주인은 벙어리를 위해 주며 사랑한다. 혹시 몸이 불편한 기색이 있으면 쉬게 하고, 먹고 싶어 하는 듯한 것은 먹이고, 입을 때 입히고 잘 때 재운다.

그런데 이 집에는 삼대 독자로 내려오는 그 집 아들이 있다. 나이는 열일곱 살이나 아직 열네 살도 되어 보이지 않고 너무 귀엽게 기르기 때문에 누구에게든지 버릇이 없고 어리광을 부리며 사람에게나 짐승에게 잔인 포악한 짓을 많이 한다.

동네 사람들은,

"후레자식! 아비 속상하게 할 자식! 저런 자식은 없는 것만 못해."

하고 욕들을 한다. 그래서 그의 어머니는 아들이 잘못할 때마다 그의 영감을 보고,

"그 자식을 좀 때려 주구려. 왜 그런 것을 보고 가만두?"

하고 자기가 대신 때려 주려고 나서면,

"아뇨, 아직 철이 없어 그렇지. 저도 지각이 나면 그렇지 않을 것이 아뇨."

하고 너그럽게 타이른다.

— 「벙어리 삼룡이」

이 글의 앞부분은 벙어리 삼룡이가 어떤 성격인지 잘 보여준다. 벙어리 삼룡이는 말을 못할 뿐 인격은 훌륭하다. 작가는 분명한 표현으로 벙어리 삼룡이의 성격을 설명한다.

진실하고 충성스러우며 부지런하고 세차다. 눈치로만 지내 가는 벙어리지마는 듣는 사람보다 슬기로운 적이 있고 평생 조심성이 있어서 결코 실수한 적이 없다.

반면에 아들은 완전히 망나니다.

누구에게든지 버릇이 없고 어리광을 부리며 사람에게나 짐승에게 잔인 포악한 짓을 많이 한다.

아들의 망나니 같은 성격을 고치기 위해서는 아버지가 제대로 가르치고, 야단을 쳐야 하지만 아버지는 그러지 못한다. 삼룡이의 주인은 매우 훌륭한 사람이지만 자식 교육은 제대로 하지 못했다. 그 바람에 아들은 망나니 같은 성격이 점점 심해졌고, 이는 새색시와 삼룡이에 대한 폭력으로 이어진다.

국어 독해력이 밥이다

그날 밤, 아다다는 자리에 누웠으나 잠이 오지 않았다. 남편은 아무런 근심도 없는 듯이 세상 모르고 씩씩 초저녁부터 자 내건만 아다다는 그저 돈 생각을 하면 장차 닥쳐올 불길한 예감에 잠을 이룰 수가 없었다. 이불을 붙안고 밤새도록 쥐어틀며 아무리 생각을 해야 그 돈을 그대로 두고는 수룡의 사랑 밑에서 영원한 행복을 누릴 수 있으리라고는 믿어지지 않았다.

짧은 봄밤은 어느덧 새어 새벽을 알리는 닭의 울음소리가 사방에서 처량히 들려 온다. 밤이 벌써 새누나 하니 아다다의 마음은 더욱 조급하게 탔다. 이 밤으로 그 돈을 처리하지 못하면 내일은 기어이 거간이 흥정을 하여 가지고 올 것이다. 그러면 그 밭에서 나는 곡식은 해마다 돈을 불려 줄 것이다. 그때면 남편은 늘어가는 돈에 따라 차차 눈은 어둡게 되어 점점 정은 멀어만 가게 될 것이다. 그 다음에는? 그 다음에는 더 생각하기조차 무서웠다. … (중략) …

그리하여 마침내 지전뭉치를 더듬어서 손에 쥐고는 조심조심 발자국 소리를 죽여 가며 살그머니 문을 열고 부엌으로 내려갔다.

… (중략) …

아다다는 바구니를 내려놓고 허리춤 속에서 지전뭉치를 쥐어 들었다. 그러고는 몇 겹이나 쌌는지 알 수 없는 헝겊 조각을 둘둘 풀었다. 헤집으니 1원짜리, 5원짜리, 10원짜리, 무수한 관 쓴 영감들이 나를 박대해서는 아니 된다는 듯이 모두들 마주 바라본다. 그러나 아다다는 너 같은 것을 버리는 데는 아무런 미련도 없다는 듯이 넘노는 물결 위에다 휙 내어 뿌렸다.

— 『백치 아다다』

아다다는 예전에 돈 때문에 상처를 받았다. 가난했던 남편은 처음에 아다다에게 잘해주었지만 돈이 생기자 아다다를 구박했고 결국 쫓아내 버렸다. 아다다는 새로운 남편을 만나 행복한 미래를 꿈꾼다. 그러나 가난한 줄 알았던 새 남편에게도 큰돈이 있었다. 아다다는 많은 돈이 자신에게서 행복을 빼앗아 갈 거라고 생각한다. 다른 생각은 전혀 하지 않고, 돈이 자신을 불행하게 만들 거라고 생각한다. 조금만 생각이 있고, 조금만 세상 물정을 알아도 아다다처럼 돈을 바다에 버리는 선택은 하지 않을 것이다.

다른 이들이 보면 어리석은 것처럼 보이는 아다다. 그러나 그 누구보다 순수하고 깨끗하다. 돈 욕심도 없고, 돈이 주는 불행만을 생각해서 돈을 버릴 만큼 순진무구하다. 아다다의 순진한 마음씨는 어린 아이의 순진한 마음과 비슷하다. 너무나 순진했기에 타락한 세상을 살아가기 어렵다. 순진한 영혼이 살아가기 어려운 세상에서 순진한 영혼을 지닌 존재의 운명은 뻔하다. 아다다는 죽을 수밖에 없는 운명이었다. 성격은 운명을 결정한다.

이불 속의 사색 생활에서도 적극적인 것을 궁리하는 법이 없다. 내게는 그럴 필요가 대체 없었다. 만일 내가 그런 좀 적극적인 것을 궁리해내었을 경우에 나는 반드시 내 아내와 의논하여야 할 것이고, 그러면 반드시 나는 아내에게 꾸지람을 들을 것이고……. 나는 꾸지람이 무서웠다느니보다는 성가셨다. 내가 제법 한 사람의 사회인의 자격으로 일을 해보는 것도, 아내에게 사설 듣는 것도, 나는 가장 게으른 동물처럼 게으른 것이 좋았다. 될 수만 있으면 이 무의미한 인간의 탈을 벗어 버리고도 싶었다.

— 「날개」

가끔 『날개』의 주인공과 같은 기분에 지배당할 때가 있다. 아무것도 하기 싫고, 의욕이 없으며, 한없이 게으르고 싶은 기분이 들 때가 있다. 그런 때 만사가 귀찮다. 거의 대부분의 사람이 이런 경험이 있지만, 거의 대부분의 사람은 늘 무기력하고 게으른 상황에 빠져 있지는 않다. 그러나 『날개』의 주인공은 늘 그런 상태에 빠져 있다. 늘 무기력하고, 늘 게으르다. 이런 인물이 인생을 가치 있고, 참되게 사는 건 불가능한 법이다.

아내는 한 달 동안 아달린을 아스피린이라고 속이고 내게 먹였다. 그것은 아내 방에서 이 아달린 갑이 발견된 것으로 미루어 증거가 너무나 확실하다. 무슨 목적으로 아내는 나를 밤이나 낮이나 재웠어야 됐나? 나를 밤이나 낮이나 재워 놓고, 그리고 아내는 내가 자는 동안에 무슨 짓을 했나? 나를 조금씩 조금씩 죽이려던 것일까? 그러나 또 생각하여 보면 내가 한 달을 두고 먹어 온 것이 아스피린이었는지도 모른다. 아내는 무슨 근심되는 일이 있어서 밤이면 잠이 잘 오지 않아서 정작 아내가 아달린을 사용한 것이나 아닌지? 그렇다면 나는 참 미안하다. 나는 아내에게 이렇게 큰 의혹을 가졌다는 것이 참 안됐다. 나는 그래서 부리나케 거기서 내려왔다. 아랫도리가 화끈 내어 저이면서 어찔어찔한 것을 나는 겨우 집을 향하여 걸었다. 여덟 시 가까이었다. 나는 내 잘못된 생각을 죄다 일러바치고 아내에게 사죄하려는 것이다.

— 『날개』

『날개』에 등장하는 아내는 주인공에게 수면제인 '아달린'을 먹여서 잠을 재웠다. 주인공도 처음엔 몰랐다가 나중에 아달린을 발견하고 아내가 자신에게 수면제를 먹였다는 걸 알아차린다. 그런데 별 근거도 없이 아내가 무슨 사연이 있을 거라고 짐작한다.

　　아내는 무슨 근심되는 일이 있어서 밤이면 잠이 잘 오지 않아서 정작 아내가 아달린을 사용한 것이나 아닌지? 그렇다면 나는 참 미안하다.

　　정말 멍청하다고 해야 할까? 순진하다고 해야 할까? 분명한 사실을 애써 모른 척하는 듯한 주인공의 태도는 멍청하든지, 순진하든지 둘 중 하나다. 그런데 그 느낌이 '아다다'의 것과는 참 다르다. 아다다에게서 세상에 오염되지 않은 순진함이 느껴진다면 『날개』의 주인공에게서는 무능력과 무기력함이 느껴진다.

　　'삵'도 남의 동정이나 사랑은 벌써 단념한 사람이었다. 누가 자기에게 아무런 대접을 하든 탓하지 않았다. 보이는 데서 보이는 푸대접을 하면 그 트집으로 반드시 칼부림까지 하는 그였지만, 뒤에서 아무런 말을 할지라도……. 그리고 그것이 '삵'의 귀에까지 갈지라도 탓하지 않았다.

　　"흥……."

　　이 한마디는 그의 가장 큰 처세 철학이었다.

　　흔히 동네 만주국인들의 투전판에 가서 투전을 하였다. 때때로 두들겨

맞고 피투성이가 되어서 돌아오는 일도 있었다. 그러나 그는 그 하소연을
하는 일이 없었다. 한다 할지라도 들을 사람도 없거니와……. 아무리 무섭게
두들겨 맞은 뒤라도 하루만 샘물에 상처를 씻고 절룩절룩한 뒤에는 또 이
틀날은 천연히 나다녔다.

–『붉은 산』

『붉은 산』에 등장하는 '삵'이라는 인물을 소개한 글이다. 이 글을 통해 느
껴지는 삵은 어떤 사람인가? 삵은 누군가 자신을 푸대접하면 칼을 휘두를
정도로 잔인한 사람이다. 반면에 눈 앞에서 자신을 욕하지만 않으면 아무렇
지 않게 넘어가는 걸로 봐서 매우 담대한 사람이기도 하다. 다른 사람에게
얻어맞고도 아무렇지 않게 일어나 움직이는 걸로 봐서 독한 성격임이 드러
난다. 잔인하면서도 대담하고, 독한 성격! 그게 바로 삵이다.

어쩌면 조국을 잃고 다른 나라 사람들의 푸대접 속에서 살아가려면 삵
처럼 살 수밖에 없는지도 모른다. 삵의 잔인하고 독한 성격은 타고 났다기보
다 나라 잃은 백성들이 생존하기 위해 터득한 생존법이라고 보는 게 맞을 것
이다.

05 처지를 이해하기

텔레비전에는 프로그램에서 "나만 아니면 돼!" 하는 말이 종종 나온다. 이것은 오직 자신의 처지만을 생각하고 곤란을 겪게 된 남의 처지를 전혀 고려하지 않는 말이며, 이기적인 요즘 사회의 현실을 그대로 드러내는 말이기도 하다. 물론 그 프로그램은 시사 프로그램이 아니라 '예능'이기 때문에 재미와 웃음을 위해 그런 말을 쓰는 것이긴 하지만 찝찝한 표현인 것만은 분명하다.

"나만 아니면 돼!"하는 말은 인간이 인간답게 살아가기 위해 가장 기본적으로 갖추어야 할 인격인 다른 사람의 처지를 이해하고, 안타까워하는 품성을 단칼에 날려 버린다.

다른 사람의 암보다 내가 걸린 감기가 더 고통스럽게 느껴지는 게 사람이긴 하다. 그럼에도 사람은 다른 사람의 처지를 함께 아파하고, 공감할 줄 알아야 한다. 사람이 만물의 영장인 이유는 지식의 뛰어남 때문이 아니라 나 아닌 존재와 함께 아파할 줄 알기 때문이다. 나와 관련 없는 사람의 딱한 처지를 보고 안타까워할 줄 아는 감정이야말로 인간을 인간답게 한다.

공감 능력을 상실한 학생들

한 여학생과 얘기를 하다가 친구가 담임 선생님께 심하게 야단 맞은 이야기가 나왔다.

"아무리 담임 선생님이라도 어떻게 그렇게 심한 말을 하냐? 너무하네."

듣는 선생님은 놀랐는데, 이야기를 전하는 여학생은 아무런 감정이 없었다.

"뭐 그럴 수도 있죠."

"아니, 친구가 그렇게 심하게 야단 맞았는데 아무렇지도 않았어?"

"네."

"어떻게 그럴 수가 있니? 너도 학생이고 너도 언젠가 그렇게 당할지도 모르잖아?"

"걔는 제 친구가 아니에요. 그러니까 상관없어요."

나와 상관없는 사람이 겪는 아픔은, 그것이 부당한 상황에서 빚어졌다 해도 상관없다는 태도였다. 야단을 맞으며 고통스러워하는 같은 반 동료를 보면서도 아무런 동정심도 생기지 않았다. 내가 아닌 다른 사람, 나와 관련 없는 사람의 처지를 이해하고 공감할 줄 모르기 때문이다. 안타깝지만 많은 학생들이 상대방의 처지를 이해하고 공감하는 능력이 없다. 대부분 '나만 아니면 돼'하고 생각한다. 학생들 사이에 널리 퍼진 폭력 문화를 보더라도 학생들의 공감 능력이 크게 떨어졌다는 사실이 확인된다.

살아 있는 사람의 처지를 이해하고 공감하는 능력이 떨어지는 학생들이 책에 나온 인물의 처지나 상황을 이해하고 공감하지 못하는 건 당연하다. 현실 인물의 처지도 공감하지 못하는데 현실과 아무런 관련 없는 책 속 인물의 처지에 어떻게 공감하겠는가?

독해란 처지를 이해하는 것이다. 그럴 수밖에 없는 처지, 고민에 빠뜨리는 상황, 갈등을 빚을 수밖에 없는 환경을 이해하는 것이 독해다. 사람은 자유 의지로 살아가기도 하지만, 상황이나 처지 때문에 어쩔 수 없이 행동하는 경우가 많다. 처지와 상황을 이해할 때 사람을 이해하게 되고, 사건을 이해하게 된다. 남의 처지를 살피고 헤아릴 줄 알아야 진정한 사람이다.

처지와 상황을 읽어내는 연습

사람이 왜 그런 행동을 했는지, 왜 그런 일이 벌어질 수밖에 없는지 이해하려면 처지와 상황을 정확히 이해해야 한다. 이제 글에 나타난 처지나 상황을 파악하려면 어떻게 해야 하는지, 처지나 상황을 읽어내는 게 얼마나 독해에서 중요한지 구체적인 글을 통해 확인해보겠다.

국어 독해력이 밥이다

"아, 유위유망(有為有望, 일을 할 만한 능력이 있고 앞으로 잘될 싹수나 희망이 있음)한 머리를 알코올로 마비 아니시킬 수 없게 하는 그것이 무엇이란 말이요."

하고 긴 한숨을 내어 쉰다. 물큰물큰한 술 냄새가 방안에 흩어진다.

아내에게는 남편이 한 말이 너무 어려웠다. 고만 묵묵히 입을 다물었다. 눈에 보이지 않는 무슨 벽이 자기와 남편 사이에 깔리는 듯하였다. 남편의 말이 길어질 때마다 아내는 이런 쓰디쓴 경험을 맛보았다. 이런 일은 한두 번이 아니었다. 이윽고 남편은 기막힌 듯이 웃는다.

"흥 또 못 알아듣는군. 묻는 내가 그르지, 마누라야 그런 말을 알 수 있겠소. 내가 설명해 드리지. 자세히 들어요. 내게 술을 권하는 것은 화증도 아니고 하이칼라도 아니요, 이 사회란 것이 내게 술을 권한다오. 이 조선 사회란 것이 내게 술을 권한다오. 알았소? 팔자가 좋아서 조선에 태어났지, 딴 나라에 났다면 술이나 얻어먹을 수 있나. ……"

사회란 무엇인가? 아내는 또 알 수가 없었다. 어찌하였든 딴 나라에는 없고 조선에만 있는 요리집 이름이려니 한다.

- 「술 권하는 사회」

아내와 남편이 대화를 한다. 남편이 어려운 말을 쓰는데 아내는 이해를 잘 못한다. 이를 바탕으로 남편과 아내의 처지나 상황을 짐작해보자. 때는 일제의 지배를 받던 식민지 시대다. 남편은 어려운 말을 많이 사용하는 걸 봐서 제법 공부를 많이 했다. 남편은 공부는 많이 했지만 사회를 탓하며 술만 마시며 산다.

반면에 아내는 남편과 달리 공부를 거의 하지 못했다. 남편이 하는 어려운 말을 제대로 알아듣지도 못하고, '사회'라는 쉬운 말도 잘 모른다. '조선 사회가 내게 술을 권한다'는 말을 제대로 이해하지 못한다. 남편은 잘못된 사회로 인해 자신이 술을 먹는다고 설명하지만, 아내는 '사회'라는 요리집이 남편에게 자꾸 술을 먹게 만든다고 여긴다.

남편은 유식하고 아내는 무식하다. 지식 수준이 너무 차이가 나다 보니 대화가 제대로 안 된다. 남편은 무식한 아내가 답답하고, 아내는 남편 이야기를 못 알아듣는 자신이 답답하다. 두 부부의 처지를 이해하면 두 사람의 심정이나 사건 전개 방향이 정확히 이해가 된다.

나는 우선 아내의 직업이 무엇인가를 연구하기에 착수하였으나 좁은 시야와 부족한 지식으로는 이것을 알아내기 힘이 든다. 나는 끝끝내 내 아내의 직업이 무엇인가를 모르고 말려나보다.

아내는 늘 진솔 버선만 신었다. 아내는 밥도 지었다. 아내가 밥을 짓는 것을 나는 한 번도 구경한 일은 없으나 언제든지 끼니 때면 내 방으로 내 조석밥을 날라다 주는 것이다. 우리 집에는 나와 내 아내 외의 다른 사람은 아무도 없다. 이 밥은 분명 아내가 손수 지었음에 틀림없다.

그러나 아내는 한 번도 나를 자기 방으로 부른 일은 없다. 나는 늘 웃방에서나 혼자서 밥을 먹고 잠을 잤다. 밥은 너무 맛이 없었다. 반찬이 너무 엉성하였다. 나는 닭이나 강아지처럼 말없이 주는 모이를 넓적넓적 받아먹기는 했으나 내심 야속하게 생각한 적도 더러 없지 않다.

　나는 안색이 여지없이 창백해 가면서 말라 들어갔다. 나날이 눈에 보이
듯이 기운이 줄어들었다. 영양 부족으로 하여 몸뚱이 곳곳의 뼈가 불쑥불
쑥 내어 밀었다. 하룻밤 사이에도 수십 차를 돌쳐 눕지 않고는 여기저기가
배겨서 나는 배겨낼 수가 없었다.

ー『날개』

　　『날개』에서 남편과 아내의 처지는『술 권하는 사회』에서 남편과 아내의
처지와 정반대다.『술 권하는 사회』에서 남편이 똑똑하고 아내가 무식했다
면,『날개』에서는 남편이 무지하고 무능력하다.『술 권하는 사회』에서 부부
사이를 주도하는 사람이 남편이라면,『날개』에서는 부부 사이를 주도하는
사람이 아내다. 더구나『날개』의 남편은『술 권하는 사회』의 아내에 비해 훨
씬 무기력하고, 무능력하다. 아내가 해주는 밥을 겨우 얻어먹고 사는 비참한
처지다.

　　부부 사이 관계가 어느 일방이 완전히 주도하고, 어느 한쪽은 따르기만
하는 관계면 정상적이지 못하다. 분명 갈등이 생기고 문제가 생기기 마련이
다.『술 권하는 사회』에서는 남편이 아내의 무식을 나무라며 밖으로 돌지만,
『날개』에서는 남편이 아내의 직업조차 알지 못할 정도로 아내에게 지배당한
다. 이렇게 아내에게 지배당하는 남편이 정상적인 생활을 못하는 건 당연하다.

의사에게 보인 적이 없으니 무슨 병인지는 알 수 없으나, 반듯이 누워 가지고 일어나기는커녕 새로 모로도 못 눕는 걸 보면 중증은 중증인 듯, 병이 이토록 심해지기는 열흘 전에 조밥을 먹고 체한 때문이다. 그때도 김 첨지가 오래간만에 돈을 얻어서 좁쌀 한 되와 십 전짜리 나무 한 단을 사다 주었더니 김 첨지의 말에 의하면, 오라질 년이 천방지축(天方地軸)으로 냄비에 대고 끓였다. 마음은 급하고 불길은 닿지 않아 채 익지도 않은 것을 그 오라질 년이 숟가락은 고만두고 손으로 움켜서 두 뺨에 주먹덩이 같은 혹이 불거지도록 누가 빼앗을 듯이 처박질하더니만 그날 저녁부터 가슴이 땅긴다, 배가 켕긴다 하고 눈을 홉뜨고 지랄병을 하였다.

−「운수 좋은 날」

김 첨지 아내는 급하게 음식을 먹다가 병에 걸린다. 마음은 급하고 불길은 닿지 않아 제대로 익지도 않은 밥을 손으로 움켜쥐고 급하게 먹다가 체한다. 얼마나 배고프게 살면 밥이 되기도 전에 손으로 움켜쥐고 먹으려 할까?

요즘 학생들은 배고픈 사람의 처지를 잘 모른다. 자신은 그렇게 배고픈 적도 없고, 가난 때문에 밥을 굶는 경우도 드물기 때문이다. 어려움에 처해 보지 않았으므로 배고픈 사람의 심정을 모른다. 늘 굶다가 음식이 생겼을 때의 반가움과 성급한 마음을 배고픈 적이 없었던 이는 이해하지 못한다. 글에 나타난 김 첨지 아내의 음식을 향한 욕망을 제대로 이해하는 학생이 얼마나 될까? 가난에 찌들어 사는 사람의 처지를 온전히 이해하지 못하는 한 『운수 좋은날』을 정확히 독해하지 못한다.

그는 해태 한 개를 꺼내어 붙여 물고 다시 전찻길을 건너 개천가로 해서 올라갔다. 인제는 포켓 속에 남은 것이 꼭 3원하고 동전 몇 푼이다. 엊그제 겨울 외투를 4원에 잡혀서 생긴 것이다.

방세와 전깃불 값이 두 달 치나 밀리었다. 삼원은 방세 한 달 치를 주고 일원에서 전등 삯 한 달 치를 주고도 싶었으나 그러고 나면 그 나머지로 설렁탕이나 호떡을 사먹어도 하루밖에는 못 지낸다. 그래 그대로 넣어 두고 한 이틀 지내는 동안에 일원이 거진 달아났던 판인데, 공연한 객기를 부리느라고 당치도 아니한 해태를 샀기 때문에 인제는 일원 돈은 완전히 달아나고 3원만 남은 것이다.

P는 포켓 속에 손을 넣고 잔돈과 지폐를 섞어 3원 남은 돈을 만지작거렸다. 그러면서 왼편 손으로는 손가락을 꼽아가며 3원을 곱쟁이 쳐 보았다.

— 『레디메이드 인생』

주인공의 가난한 처지를 적나라하게 보여주는 글이다. 주인공 P는 겨울 외투를 팔아야만 생활을 유지할 정도다. 그마저도 큰돈은 아니기에 생활비는 곧 떨어질 판이다. 가난하고 불쌍한 인생, 돈벌이도 제대로 못하는 실업자 인생이 바로 P다. 가난한 처지를 이해해야 가난한 사람의 마음과 가난한 사람이 보이는 행동이 이해가 된다.

나도 너무나 참혹한 사람살이를 듣기에 쓴물이 났다.

"자, 우리 술이나 마저 먹읍시다."

하고 우리는 주거니 받거니 한 되 병을 다 말리고 말았다. 그는 취흥에 겨워서 우리가 어릴 때 멋모르고 부르던 노래를 읊조렸다.

볏섬이나 나는 전토는

신작로가 되고요…….

말마디나 하는 친구는

감옥소로 가고요…….

담뱃대나 떠는 노인은

공동묘지 가고요…….

인물이나 좋은 계집은

유곽으로 가고요…….

—『고향』

식민지 조선의 참혹한 현실을 그린 『고향』의 마지막 장면이다. 서글픈 경험을 모두 전해들은 글쓴이는 가슴 아픈 마음에 함께 술을 마신다. 술에 취하자 그는 식민지 조선의 비참한 현실을 담은 노래를 부른다. 그가 부른 노래에 담긴 식민지 조선의 현실은 어떤가?

농사짓기 좋은 땅엔 신작로라 해서 큰 길이 난다. 물론 백성들에게 제대로 보상이 이루어지지 않는다. 길이 뚫리면 강제로 자기 땅을 빼앗겼을 것이다. 바른 말 잘하는 사람은 감옥에 끌려간다. 일제 식민지 지배가 잘못되었다고 비판하는 사람치고 감옥에 가지 않는 사람이 없었다. 나이 많은 노인은 건강하게 살지 못하고 빨리 죽는다. 일제로 인해 살기 힘드니 노인들이 오래 살시 못한다. 예쁜 여사들은 결혼도 세내로 못하고 술집으로 나가 돈벌이를 하거나, 일제에 끌려간다. 불쌍하게 살아간다.

일제 식민지 지배를 받던 시절, 우리나라 백성들 중 소수의 친일파를 제외하고는 모두 힘겹고 어려운 삶을 살았다. 식민지의 처참한 현실을 가슴에 새기며 『고향』을 읽으면 안타까움과 분노가 절로 치솟는다.

신치규는 방원이를 자기 집 사랑 마당 앞으로 불렀다.

"예."

방원은 상이라 고개를 숙이고,

"예."

공손하게 대답을 하였다.

"네가 그간 내 집에서 정성스럽게 일한 것은 고마운 일이지마는……."

점잔과 주짜를 빼면서 신치규는 말을 꺼내었다. 방원의 가슴은 이 '마는' 이라는 말 뒤에 이어질 말을 미리 깨달은 듯이 온몸의 피가 가슴으로 모여 드는 듯하더니 다시 터럭이라는 터럭은 전부 거꾸로 일어서는 듯하였다.

"오늘부터는 우리 집에 사정이 있어 그러니 내 집에 있지 말고 다른 곳에 좋은 곳을 찾아가 보아라."

아무 조건이 없다. 또한 이곳에서도 할 말이 없다. 죽으라고 하면 죽는 시늉이라도 해야 하는 것이다. 주인은 돈 가지고 사람을 사고팔 수도 있는 것이다. 방원은 가슴이 답답하였다. 자기 혼자 몸 같으면 어디 가서 어떻게 빌어먹더라도 살 수 있지마는 사랑하는 아내를 구해 갈 길이 막연하다. 그는 고개를 굽히고, 허리를 굽히고, 나중에는 마음을 굽히어 사정도 하여 보고 애걸도 하여 보았다. 그러나 그것은 헛된 일이다. 주인의 마음은 쇠나 돌보다도 더 굳었다.

- 『물레방아』

강자 앞에서 약자는 한없이 나약해진다. 많은 사람들이 자신보다 강한 사람 앞에서 자기 의지와는 상관없이 굴복당한 경험이 있다. 그때의 마음은 정말 뭐라 말하기 어려울 정도로 굴욕감이 들고, 분노가 치솟는다. 방원이도 마찬가지다. 신치규는 주인이다. 자신을 마음대로 할 수 있는 주인이다. 반면에 방원이는 신치규에게 절대적으로 복종하고 따라야 하는 신세다. 신치규는 절대 강자고, 방원이는 절대 약자다. 절대적인 강자와 절대적인 약자의 관계에서 절대적인 약자는 어떤 상황에서도 굴복해야 하며, 속에서는 화가 나도 겉으로는 무조건 따라야 한다.

신치규가 자신의 밥줄을 끊어도 아무런 저항도 하지 못하는 방원의 태도는 그가 처한 처지에서는 당연하다. 절대적인 강자 앞에서 절대적인 약자는 굴복 외에 다른 방법이 없다. 방원이 처한 처지와 그로 인한 방원의 굴욕감이 가슴에 와 닿는다면, 이 글은 온전히 자기 것이 된다.

그런데 고약한 그 꼴을 하고 가더니 그 뒤로는 나를 보면 잡아먹으려 기를 복복 쓰는 것이다. 설혹 주는 감자를 안 받아먹는 것이 실례라 하면, 주면 그냥 주었지 '느 집엔 이거 없지.'는 다 뭐냐. 그러잖아도 저희는 마름이고 우리는 그 손에서 배재를 얻어 땅을 부치므로 일상 굽실거린다. 우리가 이 마을에 처음 들어와 집이 없어서 곤란으로 지낼 제 집터를 빌리고 그 위에 집을 또 짓도록 마련해준 것도 점순네의 호의였다. 그리고 우리 어머니, 아버지도 농사 때 양식이 딸리면 점순이네 한테 가서 부지런히 꾸어다 먹으면서 인품 그런 집은 다시 없으리라고 침이 마르도록 칭찬하곤 하는 것이다. 그러면서도 열일곱씩이나 된 것들이 수군수군하고 붙어 다니면 동네의 소문이 사납다고 주의를 시켜준 것도 어머니였다. 왜냐하면 내가 점순이 하고 일을 저질렀다가는 점순네가 노할 것이고, 그러면 우리는 땅도 떨어지고 집도 내쫓기고 하지 않으면 안 되는 까닭이었다. 그런데 이놈의 계집애가 까닭 없이 기를 복복 쓰며 나를 말려 죽이려고 드는 것이다.

— 『동백꽃』

주인공과 점순이네 집은 주인과 하인의 관계는 아니다. 그러나 점순이네는 힘이 강하고, 주인공네 집은 힘이 약하다.

저희는 마름이고 우리는 그 손에서 배재를 얻어 땅을 부치므로 일상 굽실거린다.

이 말에 남의 땅을 빌어서 농사를 지어 먹고 사는 주인공네 집안의 처지가 드러난다. 처지가 이렇기에 점순이가 주인공네 닭을 함부로 하여도 어쩌지 못한다. 자신과 점순이가 위아래 관계는 아니지만 점순이네 집에 신세를 지고 사는 처지이기에 자기 감정을 제대로 표현하지 못하는 막막함과 답답함이 주인공을 지배한다.

"장인님! 인제 저……."

내가 이렇게 뒤통수를 긁고, 나이가 찼으니 성례를 시켜줘야 하지 않겠느냐고 하면 대답이 늘, "이 자식아! 성례구 뭐구 미처 자라야지!"하고 만다.

이 자라야 한다는 것은 내가 아니라 내 아내가 될 점순이의 키 말이다.

내가 여기에 와서 돈 한 푼 안 받고 일하기를 삼 년하고 꼬박 일곱 달 동안을 했다. 그런데도 미처 못 자랐다니까 이 키는 언제야 자라는 겐지 짜장 영문 모른다. 일을 좀 더 잘해야 한다든지, 혹은 밥을 많이 먹는다고 노상 걱정이니까 좀 덜 먹어야 한다든지 하면 나도 얼마든지 할 말이 많다. 허지만 점순이가 아직 어리니까 더 자라야 한다는 얘기에는 어째 볼 수 없이 고만 빙빙하고 만다.

– 『봄봄』

주인공은 점순이와 결혼하기로 계약을 맺고 장래에 장인님이 될 사람 집에 와서 일을 해주며 산다. 아마도 예전에는 이런 식의 계약이 종종 있었나보다. 주인공은 점순이와 결혼하고 싶은 마음이 굴뚝같은데, 장인님은 결혼을 빨리 시켜주고 싶은 마음이 없다. 장인님의 처지에서는 당연히 빨리 결혼시키지 않고 오랫동안 붙잡아 두면서 일을 시키고 싶다. 반면에 계약을 맺고 와 있는 주인공의 처지에서는 빨리 결혼을 하고 싶나.

　『봄봄』을 읽다 보면 장인님이 하는 행동이 참 얄밉고 나쁘게 보이지만, 장인님 처지에서 보면 나름대로 그럴만 하다. 그 사람의 처지에 서서 그 사람의 마음을 이해해보는 것, 그게 바로 독해다. 사람이 처한 처지를 이해하면 사건이 왜 그렇게 전개될 수밖에 없는지 자연스럽게 이해한다.

06 갈등을 이해하기

사건은 갈등을 먹고 커 나간다. 갈등이 없으면 소설은 없다. 소설은 갈등을 씨앗으로 전개되는 이야기다. 갈등을 제대로 이해하면 소설이 제대로 보인다. 중학교에 들어가서 배우는 소설의 5단 구성, 즉 발단-전개-위기-절정-결말은 갈등이 시작되고 펼쳐지는 과정에 따라 나누는 것이다.

갈등이란 '대립'이다. 서로 다른 두 가지 처지나 생각, 감정이 부딪치는 것이 갈등이다. 갈등은 '다름'에서 시작한다. 다르지 않으면 갈등은 생기지 않는다. 생각이 다르고, 처지가 다르고, 감정이 다르고, 상황이 다르고, 믿는 신념이 다르고, 성격이 다르기 때문에 갈등이 생긴다.

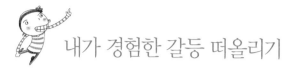

내가 경험한 갈등 떠올리기

갈등은 소설에만 존재하지 않는다. 우리는 갈등을 일상생활에서 늘 접한다. 형제끼리, 친구끼리, 부모님과 어떤 의견이나 생각의 차이로 대립한 적이 없는 사람은 전혀 없다. 단 한 번도 갈등을 겪지 않고 사는 사람은 없다. 자신이 겪은 갈등을 떠올리면 갈등이 어떠하며, 갈등으로 인해 어떻게 사건이 전개되는지 알게 된다.

"엄마, 나 스마트폰 사줘. 다른 친구들은 다 있단 말이야."

"그거 공부에 방해 돼. 정 원하면 1등을 해. 그럼 사줄 테니까."

"아니, 내가 어떻게 1등을 해? 차라리 사주지 않겠다고 해."

"네가 진짜 원하면 열심히 공부해. 그럼 되잖아."

흔히 벌어지는 부모와 자식 사이의 대화다. 자식은 스마트폰을 원하지만 엄마는 스마트폰을 사주고 싶지 않다. 자식은 스마트폰이 필요하다고 생각하지만, 엄마는 스마트폰이 불필요하다고 여긴다. 엄마는 스마트폰을 원하면 공부를 열심히 해서 1등을 하라고 한다. 자식은 1등은 불가능하다고 여기며, 엄마의 말은 안 사준다는 말과 같다고 본다. 엄마와 자식은 생각이 전혀 다르다. 그래서 갈등이 생긴다. 생각의 차이가 갈등을 만들고, 갈등은 여러 가지 사건을 만든다. 소설은 갈등으로 인해 생기는 사건을 그럴 듯하게 글로 써 놓았을 뿐이다.

갈등은 외부에서만 벌어지지 않는다. 내 자신의 내면에서도 갈등이 벌어진다.

"짜장면을 먹을까? 짬뽕을 먹을까?"

"프라이드 치킨을 먹을까? 양념 치킨을 먹을까?"

이런 게 내면의 갈등이다. 자기 스스로 무얼 할지 내면에서 갈등하는 상태가 내적 갈등이다. 내면의 갈등은 음식 앞에서만 생기지 않는다. 살아가는 내내 우린 수없이 많은 내면의 갈등을 겪는다.

"공부할까? 게임할까?"

"영어 공부할까? 수학 공부할까?"

"1번을 선택할까? 2번을 선택할까?"

"참을까? 확 욕을 해 버릴까?"

"좋아한다고 말할까? 그만 둘까?"

갈등은 고민을 낳고, 고민 끝에 우린 선택을 한다. 선택을 잘하면 기쁘지만, 선택을 잘못하면 후회가 밀려든다. 고민과 선택, 선택의 결과를 적절하게 글로 써 놓은 것이 바로 문학작품이다.

갈등을 읽어내는 연습

갈등은 사건의 뿌리며, 이야기를 전개시키는 힘이다. 갈등을 이해하면 문학작품의 뼈대를 이해한 것이다. 이제 글에 나타난 갈등을 파악하려면 어떻게 해야 하는지, 독해에서 갈등 파악이 얼마나 중요한지 구체적인 글을 통해 확인해보겠다.

"그렇지만 내가 늘 말하는 것인데…… 저렇게 취직만 하려고 애를 쓸 게 아니야. 도회지에서 월급 생활을 하려고 할 것만이 아니라 농촌으로 돌아가서……."

"농촌으로 돌아가서 무얼 합니까?"

P는 말 중동을 갈라 불쑥 반문하였다. 그는 기왕 취직 운동은 글러진 것이니 속시원하게 시비라도 해보고 싶은 것이다.

"허, 저게 다 모르는 소리야. …… 조선은 농업국이요, 농민이 전 인구의 팔할이나 되니까 조선 문제는 즉 농촌 문제라고 볼 수 있는데, 아 지금 농촌에서 할 일이 오죽이나 많다구?"

"저는 그 말씀 잘 못 알아듣겠는데요. 저희 같은 사람이 농촌에 가서 할 일이 있을 것 같잖습니다."

"그럴 리가 있나! 가령 응…… 저……."

K사장은 끝내 대답을 하지 못한다. 그것은 무리가 아니다.

… (중략) …

"가령 응……저……문맹 퇴치 운동도 있지. 농민의 구할은 언문도 모른단 말이야! 그리고 생활 개선 운동도 좋고……헌신적으로."

"헌신적으로요?"

"그렇지……할 테면 헌신적으로 해야지."

"무얼 먹고 헌신적으로 그런 사업을 합니까?……먹을 것이 있어서 그런 농촌 사업이라도 할 신세라면 이렇게 취직을 못해서 애를 쓰겠습니까?"

"허! 그게 안 된 생각이야. …… 자기가 먹고 살 재산이 있으면서 사회를 위해서 일도 아니 하고 번들번들 논다는 것은, 그것은 타락된 생각이야."

P는 K사장의 억단을 내세우는 것을 보고 속으로 싱그레 웃었다.

"그렇지만 지금 조선 농촌에서는 문맹 퇴치니 생활 개선이니 합네 하고 손끝이 하얀 대학이나 전문 학교 졸업생들이 모여 오는 것을 그다지 반겨하기는커녕 머릿살을 앓을 것입니다. 농민이 우매하다든지 문화가 뒤떨어졌다든지 또 생활이 비참한 것의 근본 원인이, 기역 니은을 모른다든가 생활 개선을 할 줄 몰라서 그런 것이 아니니까요. 그리고 조선의 지식 청년들이 모두 그런 인도주의자가 되어집니까?"

"되면 되지 안 될 건 무어야?"

"그건 인도주의란 그것이 한낱 공상이니까 그렇겠지요."

"허허, …… 그러면 P군은 ××주의잔가?"

"되다가 찌부러진 찌스러깁니다. 철저한 ××주의자라면 이렇게 선생님한테 와서 취직 운동도 아니합니다."

"못 써. 그렇게 과격한 사상으로 기울어서야 쓰나. …… 정 농촌으로 돌아가기가 싫거든 서울서라도 몇 사람 마음 맞는 사람이 모여서 무슨 일을……. 조국에 신문이 모자라니 신문을 하나 경영하든지 또 조그맣게 하자면 잡지 같은 것도 좋고 또 영리 사업도 좋고……. 그러면 취직 운동하는 것보담 훨씬 낫잖은가?"

"좋을 줄이야 압니다만 누가 돈을 내 놉니까?"

"그거야 성의 있게 하면 자연 돈도 생기는 거지."

— 『레디메이드 인생』

：국어 독해력이 밥이다：

가장 기본적인 갈등은 생각의 차이다. 서로 다른 생각으로 인해 논쟁이 벌어지고 사건이 생겨난다. P는 신문사에 취직을 하려 하지만, 신문사 사장인 K는 P의 취직 부탁을 거절한다. 그러고서 논쟁이 벌어진다. K는 농촌에 가든지, 자신만의 회사를 차려 보라고 P에게 충고한다. 반면에 P는 K의 충고가 전혀 현실성이 없다고 말한다.

둘은 정반대의 생각을 하며, 그로 인해 치열하게 논쟁을 벌인다. 이게 갈등이다. 이 소설에서는 이 논쟁이 사건을 전개시키는 역할을 하지 않는다. 다만 갈등이 무엇인지 명확하게 보여주기에 소개했다.

올라오는 길에 전에 잡지사에 있을 때 알은 ××인쇄소의 문선과장을 찾아갔다. 월급도 일 없고, 다만 일만 가르쳐 주면 그만이니 어린아이 하나를 써 달라고 졸라댔다. A라는 그 문선과장은 요리조리 칭탈을 하던 끝에……그는 P가 누구 친한 사람의 집 어린애를 천거하는 줄 알았던 것이다.

"보통학교나 마쳤나요?"

하고 물었다.

"아……니요."

P는 솔직하게 대답하였다.

"나이 몇인데?"

"아홉 살."

"아홉 살?"

A는 놀래어 반문을 하는 것이다.

"기왕 일을 배울 테면 아주 어려서부터 배워야지요."

"그래도 너무 어려서 원, 뉘집 애요?"

"내 자식놈이랍니다."

P는 그래도 약간 얼굴이 붉어짐을 깨달았다. A는 이 말에 가장 놀라운 듯이 입만 벌리고 한참이나 P를 물끄러미 바라다본다.

"왜? 내 자식이라고 공장에 못 보내란 법 있답디까?"

"아니, 정말 그래요?"

"정말 아니고?"

"괴…니 실없는 소리……. 자제라고 해야 들어줄 테니까 그러시지?"

"아니, 그건 그렇지 않아요. 내 자식 놈야요."

"그럼 왜 공부를 시키잖구?"

"인쇄소 일 배우는 것도 공부지."

"그건 그렇지만 학교에 보내야지."

"학교에 보낼 처지가 못 되고, 또 보냈댔자 사람 구실도 못할 테니까……."

"거 참 모를 일이요. 우리 같은 놈은 이 짓을 해 가면서도 자식을 공부시키느라고 애를 쓰는 데 되려 공부시킬 줄 아는 양반이 보통 학교도 아니 마친 자제를 공장엘 보내요?"

"내가 학교 공부를 해본 나머지 그게 못쓰겠으니까 자식은 딴 공부시키겠다는 것이지요."

"글쎄 정 그러시다면 내가 내 자식 진배 없이 잘 데리고 있으면서 일이

나 착실히 가르쳐 드리리다마는 ……. 원 너무 어린데 애처럽잖아요?"

"애처러운 거야 애비된 내가 더 하지요만 그것이 제게는 악이니까……."

— 「레디메이드 인생」

앞의 글과 마찬가지로 생각의 차이로 인해 논쟁이 발생하는 장면이다. P는 어린 아들을 인쇄소에서 일하며 배우게 하려고 한다. 학교에 가서 공부를 하고, 대학을 나와 봐야 아무런 쓸모가 없다고 생각한다. 일하는 현장에서 몸으로 기술을 익히는 게 훨씬 나은 공부라고 여긴다.

반면에 인쇄소 사장인 A는 열심히 일해서 자식을 공부시키려고 하는 자신과 너무나 다른 P를 이해하지 못한다. 둘 사이는 치열한 논쟁이 벌어지지는 않지만 생각의 차이가 확연히 다른 건 명확히 드러난다.

"쉽게 말하면 계획이나 기회를 아무리 억지루 만들어 놓아도 결과가 뜻대루는 안 된단 말이다."

"젠장, 아저씨두…… 요전 '킹구'라는 잡지에두 보니까, 나폴레옹이라는 서양 영웅이 그랬답디다. 기회는 제가 만든다구, 그리고 불가능이란 말은 바보의 사전에서나 찾을 글자라구요. 아 자꾸자꾸 계획하구 기회를 만들구 해서 분투노력해 나가면 이 세상 일 안 되는 일이 어디 있나요? 한 번 실패하거든 갑절 용기를 내 가지구 다시 일어서지요. 칠전팔기 모르시요?"

"나폴레옹도 세상 물정에 순응할 때는 성공했어도 그것에 거슬리다가 실패를 했더란다. 너는 칠전팔기해서 성공한 몇 사람만 보았지, 여덟 번 일어섰다가 아홉 번째 가서 영영 쓰러지구는 다시 일지 못한 숱한 사람이 있는 건 모르는구나?"

"그래두 인제 두구 보시우. 나는 천하 없어두 성공하구 말 테니…… 아저씨는 그래서 더구나 못 써요. 일해 보기두 전에 안 될 줄로 낙심 먼저 하구……"

"하늘은 꼭 올라가보구래야만 높은 줄 아니?"

- 「치숙」

역시 두 사람의 생각이 맞부딪친다. 글쓴이와 아저씨의 생각은 너무나 다르다. 글쓴이는 노력을 하면 이루지 못할 것이 없다고 생각한다. 실패하면 다시 일어나 더 노력하면 반드시 성공할 것이라고 믿는다. 반면에 아저씨는 대다수 사람은 더 노력한다고 해서 성공할 수 있는 게 아니라고 말한다. 노력과 성공에 대한 두 사람의 생각이 완전히 정반대다. 과연 어떤 생각이 더 타당할까?

"흙냄새를 싫어하는 것이 사람이냐, 그깐 놈 눈만 다락같이 높았지."
그는 이렇게 자기 아들을 조소했다.

아들은 무엇보다도 아버지가 흙투성이가 되어 사는 꼴이 싫다 했다. 흙에서 나서 흙을 만지며 컸고, 흙을 먹고 사는 아버지 - 옷에까지 흙투성이가 되어 사는, 흙인지 사람인지 모를 한낱 평범한 농부에게 털끝 만한 존경도 갖지 못했다. 당당한 문화인인 아들은 흙투성이인 김 영감을 내 아버지라고 내세우기조차 꺼려했다. 이러한 아버지를 가졌다는 것은 자기의 큰 치욕이라고까지 생각해 온 터다. 결혼을 하면서도 자기 아버지를 청하지 않은 것도 그 자신은 친구나 동료들한테 달리 변명을 했겠지마는, 기실 자기 아버지의 그 흙투성이 꼴을 뵈고 싶지 않다는 허영에서였다. 김 영감만 해도 이런 눈치를 못 챌 리는 없었다. 집안에서고 동리에서 왜 며느리 보는 데 안 가느냐고 해도,

"아 그 잘난 놈 잔치에 못난 애비가 가? 댕꼴 곽주식이 아들놈처럼 제 애빌 보구 누구냐니까 '우리집 머슴'하고 대답하더라는데 그런 놈들이 애빌 보구 행랑아범이라구 하지 말란 법이 있다든가?"

이렇게 격분을 했었다. 또 사실 그때의 수택으로서는 응당 그렇게 대답했을지도 모른다. 그러기가 싫으니까 차라리 못 오게 한 것이었을 것이었다. 이런 아들이 지금 도시에는 얼마나 많을 건가.

"사람이나 흙내를 맡아야 하느니라. 도시 사람들이 암만 좋은 음식을 먹고 만든대도 시골 음식처럼 구수한 맛이 없느니라. 마찬가지야. 사람이란 흙내도 맡고 된장 맛도 나고 해야 구수한 맛이 나는 게지."

― 「제1과 제1장」

『레디메이드 인생』과 『치숙』에서 드러나는 생각의 차이는 단순한 논쟁에서 끝난다. 반면에 『제1과 제1장』에서 아버지와 아들의 생각의 차이는 심각한 갈등을 만들고, 인생을 살아가는 근본적인 차이를 만들어 낸다. 아들인 수택은 세련된 도시, 발전된 문화를 최고로 치며 흙투성이 아버지를 부끄러워한다. 반면에 아버지 김 씨는 시골의 삶, 흙내를 가까이 하는 삶을 최고로 여기며, 도시인의 세련된 삶은 제대로 된 삶이 아니라고 생각한다.

아버지와 아들은 사고방식도 다르고, 가치관도 다르며, 몸에 익힌 문화도 전혀 다르다. 둘의 이런 차이는 갈등으로 이어지고 치열하게 부딪친다. 생각이 이렇게 180도 다른 아버지와 아들 사이에 갈등이 없다면 그게 오히려 이상하다. 『제1과 제1장』의 초반부는 이런 아들과 아버지의 갈등이 이야기의 뼈대를 이룬다. 흙과 농촌을 멀리하던 아들 수택은 그렇게 좋다고 여기던 도시 생활에 만족하지 못한다. 자신이 사는 이유와 목적도 잊어버린다. 결국 아들은 아버지의 생각대로 시골에서 사는 삶을 선택한다. 갈등의 해결이다. 물론 몸에 밴 도시적인 삶을 버리고 농촌의 삶을 살아가는 건 쉽지 않은 일이다. 쉽지 않은 일이기에 사건이 생기고, 이로 인해 소설이 전개된다.

　　"장인님! 인제 저……."
　　내가 이렇게 뒤통수를 긁고, 나이가 찼으니 성례를 시켜줘야 하지 않겠느냐고 하면 대답이 늘, "이 자식아! 성례구 뭐구 미처 자라야지!" 하고 만다.
　　이 자라야 한다는 것은 내가 아니라 내 아내가 될 점순이의 키 말이다.
　　내가 여기에 와서 돈 한푼 안 받고 일하기를 삼 년하고 꼬박 일곱 달 동안을 했다. 그런데도 미처 못 자랐다니까 이 키는 언제야 자라는 겐지 짜장 영문 모른다. 일을 좀 더 잘해야 한다든지, 혹은 밥을 많이 먹는다고 노상 걱정이니까 좀 덜 먹어야 한다든지 하면 나도 얼마든지 할 말이 많다. 허지만 점순이가 아직 어리니까 더 자라야 한다는 얘기에는 어쩔 볼 수 없이 고만 빙빙하고 만다.

이래서 나는 애초 계약이 잘못된 걸 알았다. 이태면 이태, 삼년이면 삼년, 기한을 딱 작정하고 일을 해야 원할 것이다. 덮어놓고 딸이 자라는 대로 성례를 시켜 주마, 했으니 누가 늘 지키고 섰는 것도 아니고, 그 키가 언제 자라는지 알 수 있는가. 그리고 난 사람의 키가 무럭무럭 자라는 줄 만 알았지 붙배기 키에 모로만 벌어지는 몸도 있는 것을 누가 알았으랴. 때가 되면 장인님이 어련하랴 싶어서 군소리 없이 꾸벅꾸벅 일만 해 왔다. 그럼 말이다. 장인님이 제가 다 알아채서, "어참, 너 일 많이 했다. 고만 장가 들어라." 하고 살림도 내주고 해야 나도 좋을 것이 아니냐.

시치미를 딱 떼고 도리어 그런 소리가 나올까 봐서 지레 펄펄뛰고 이 야단이다. 명색이 좋아 데릴사위지 일하기에 싱겁기도 할 뿐더러 이건 참 아무것도 아니다. 숙맥이 그걸 모르고 점순이의 키 자라기만 까맣게 기다리지 않았나.

― 「봄봄」

처지의 차이가 어떤지를 보여주는 장면으로, 앞에서 이미 설명했던 글이다. 처지의 차이는 생각의 차이를 낳고, 생각의 차이는 갈등을 낳는다. 하루

빨리 점순이와 결혼을 하기 원하는 주인공과 하루라도 더 붙잡아 두고 일을 시키려는 장인님이 충돌하는 건 당연한 일이다.『봄봄』은 결혼을 둘러싼 두 사람의 전혀 다른 요구가 갈등을 빚으면서 벌어지는 사건을 즐겁고 유쾌하게 묘사한다.

"너, 봄감자가 맛있단다."

"난, 감자 안 먹는다. 너나 먹어라."

나는 고개도 돌리지 않고 일하던 손으로 그 감자를 도로 어깨 너머로 쑥 밀어 버렸다. 그랬더니 그래도 가는 기색이 없고, 뿐만 아니라 쌔근쌔근하고 심상치 않게 숨소리가 점점 거칠어진다. 이건 또 뭐야 싶어서 그때에야 비로소 돌아다보니 나는 참으로 놀랐다. 우리가 이 동네에 들어온 것은 근 삼 년째 되어오지만 여태껏 가무잡잡한 점순이의 얼굴이 이렇게까지 홍당무처럼 새빨개진 법이 없었다. 게다가 눈에 독을 올리고 한참 나를 요렇게 쏘아보더니 나중에는 눈물까지 어리는 것이 아니냐. 그리고 바구니를 다시 집어 들더니 이를 꼭 악물고는 엎어질 듯 자빠질 듯 논둑으로 횡하게 달아나는 것이다.

어쩌다 동리 어른이,

"너 얼른 시집을 가야지?"

하고 웃으면,

"염려 마서유. 갈 때 되면 어련히 갈라구!"

이렇게 천연덕스레 받는 점순이었다. 본시 부끄럼을 타는 계집애도 아니거니와 또한 분하다고 눈에 눈물을 보일 얼병이도 아니다. 분하면 차라리 나의 등어리를 바구니로 한번 모질게 후려째리고 달아날지언정. 그런데 고약한 그 꼴을 하고 가더니 그 뒤로는 나를 보면 잡아먹으려 기를 복복 쓰는 것이다.

설혹 주는 감자를 안 받아먹는 것이 실례라 하면, 주면 그냥 주었지 '느집엔 이거 없지.'는 다 뭐냐. 그러잖아도 저희는 마름이고 우리는 그 손에서 배재를 얻어 땅을 부치므로 일상 굽실거린다. 우리가 이 마을에 처음 들어와 집이 없어서 곤란으로 지낼 제 집터를 빌리고 그 위에 집을 또 짓도록 마련해준 것도 점순네의 호의였다. 그리고 우리 어머니, 아버지도 농사 때 양식이 딸리면 점순이네한테 가서 부지런히 꾸어다 먹으면서 인품 그런 집은 다시 없으리라고 침이 마르도록 칭찬하곤 하는 것이다. 그러면서도 열일곱씩이나 된 것들이 수군수군하고 붙어 다니면 동네의 소문이 사납다고 주의를 시켜준 것도 어머니였다. 왜냐하면 내가 점순이 하고 일을 저질렀다가는 점순네가 노할 것이고, 그러면 우리는 땅도 떨어지고 집도 내쫓기고 하지 않으면 안 되는 까닭이었다.

그런데 이놈의 계집애가 까닭 없이 기를 복복 쓰며 나를 말려 죽이려고 드는 것이다.

－『동백꽃』

『동백꽃』은 점순이와 주인공이 닭싸움을 벌이며 갈등하는 사건들이 소설의 뼈대를 이룬다. 점순이는 주인공에게 감자를 건네며 은근히 사랑을 고백한다. 반면에 주인공은 점순이의 정성을 제대로 알지 못하고 냉정하게 정성을 거부한다. 이에 상처받은 점순이는 주인공에게 닭싸움을 통해 노골적으로 불만을 드러낸다. 영문을 모르는 주인공은 점순이의 까닭 모를 행동에 화가 치민다. 사랑의 감정이 엇나가면서 갈등이 생기고, 감정의 엇갈림으로 인해 생긴 갈등은 닭싸움을 통해 표출된다.

그런데 『동백꽃』에서 주인공은 점순이와 대등한 관계가 아니다. 주인공이 점순이의 사랑을 받아들이지 않은 건 무뚝뚝하기 때문이기도 하지만 점순이 집에 신세를 지고 있는 열등한 처지 때문이기도 하다. 자기네 집의 밥줄이 걸려 있기에 점순이의 사랑 고백을 곧이곧대로 받아들이지 못한다. 따라서 『동백꽃』에서 나오는 점순이와 주인공의 갈등은 단순히 남녀 사이의 엇갈린 사랑이 빚어낸 갈등이 아니다. 신분과 지위 차이가 빚어낸 갈등이 사랑 싸움 뒤에 숨어 있다.

부부 사이는 좋았지만, 아니 오히려 좋으므로 그는 아내에게 샘을 많이 하였다. 그리고 그의 아내는 시기를 받을 일을 많이 하였다. 품행이 나쁘다는 것이 아니라, 그의 아내는 대단히 천진스럽고 쾌활한 성질로서 아무에게나 말 잘하고 애교를 잘 부렸다.

그 동네에서는 무슨 명절이나 되면, 집이 그중 정결함을 핑계삼아 젊은 이들은 모두 그의 집에 모이고 하였다. 그 젊은이들은 모두 그의 아내에게 '아즈마니'라고 부르고, 그의 아내는 '아즈바니, 아즈바니'하며 그들과 지껄이고 즐기며, 그 웃기 잘하는 입에는 늘 웃음을 흘리고 있었다. 그럴 때마다 그는 한편 구석에서 눈만 힐끈거리며 있다가 젊은이들이 돌아간 뒤에는 불문곡직하고 아내에게 덤벼들어 발길로 차고 때리며, 이전에 사다 주었던 것을 모두 걷어올린다.

- 『배따라기』

갈등은 처지와 생각의 차이로 인해 빚어지기도 하지만 성격 차이로 인해 빚어지기도 한다. 아내는 지나치게 천진난만하고 쾌활한 성격이다. 누구와도 잘 어울리며 항상 웃음으로 사람을 대한다. 반면에 남편은 아내의 쾌활함과 잘 어울리는 성격을 질투하고, 혹시라도 자신을 버리고 다른 사람에게 갈까 봐 의심을 한다. 사랑이 의심과 질투로 변한 남편과 타고난 성격대로 쾌활하게 지내려는 아내는 필연적으로 갈등을 일으킨다.

너무나 다른 성격은 갈등을 키우고, 갈등은 마침내 돌이키기 어려운 사건으로 이어진다. 『배따라기』에서 아내와 동생 사이를 의심한 남편은 아내를 내쫓았고, 아내는 죽은 시체로 돌아오며, 남편은 평생 아내와 동생에게 잘못한 일을 후회하며 산다. 갈등은 『동백꽃』처럼 해결되기도 하지만, 『배따라기』처럼 파국으로 끝나기도 한다.

마치 사태 만난 공동묘지와도 같이 귀실적고 뒤우 을씨년스럽다. 그다지 잘되었던 콩포기는 거반 버력더미에 다 깔려 버리고 군데군데 어쩌다 남은 놈들만이 고개를 나불거린다. 그 꼴을 보는 것은 자식 죽는 걸 보는 게 낫지 차마 못할 경상이었다. 농토는 모조리 떨어질 것이다. 그러나 대관절 올 밭도지 벼 두 섬 반은 뭘로 해내야 좋을지. 게다가 밭을 망쳤으니 자칫하면 징역을 갈는지도 모른다.

영식이가 구덩이 안으로 들어왔을 때 수재는 땅에 주저앉아 쉬고 있었다. 태연 무심히 담배만 뻑뻑 피는 것이다.

"언제나 줄을 잡는 거야."

"인제 차차 나오겠지."

"인제 나온다?" 하고 코웃음을 치고 엇먹더니 조금 지나매,

"이 새끼."

흙덩이를 집어 들고 골통을 내려친다.

수재는 어쿠 하고 그대로 푹 엎어진다. 그러나 뻘떡 일어선다. 눈에 띄는 대로 곡괭이를 잡자 대뜸 달겨들었다. 그러나 강약이 부동, 왁살스러운 팔뚝에 퉁겨서 벽에 가서 쿵하고 떨어졌다. 그 순간에 제가 빼앗긴 곡괭이가 정수리를 겨누고 날아드는 걸 보았다. 고개를 홱돌린다. 곡괭이는 흙벽을 퍽 찍고 다시 나간다.

수재 이름만 들어도 영식이는 이가 갈렸다. 분명히 홀딱 속은 것이다.

… (중략) …

"낼부터 우리 파보세, 돈만 있으면야 그까짓 콩은."

수재가 안달스레 재우쳐 보챌 제 선뜻 응낙하였다.

"그래 보세, 빌어먹을 거 안 되면 고만이지."

그러나 꽁무니에서 죽을 마시고 있던 아내가 허구리를 쿡쿡 찔렀기 망정이지 그렇지 않았다면 좀 주저할 뻔도 하였다. … (중략) …

그리고 아내는 돌아서서 혼잣말로,

"콩밭에서 금을 딴다는 숙맥도 있담."

하고 빗대 놓고 비아냥거린다.

"이년아 뭐."

남편은 대뜸 달려들며 그 볼치에다 다시 올찬 황밤을 주었다.

"네가 허라구 옆구리를 쿡쿡 찌를 제는 언제냐."

그리고 다시 퍽 질렀다.

– 「금 따는 콩밭」

멀쩡한 콩밭에서 금을 캐자고 하던 아내와 수재, 그 꼬임에 넘어간 영식. 처음엔 금이 발견될 줄 믿고 서로 힘을 합쳐서 땅을 파지만 시간이 지나도 금이 나타나지 않는다. 결국 영식은 처음에 금을 캐자고 했던 수재와 아내에게 화가 났고, 갈등이 생긴다.

온갖 노력에도 금은 코빼기도 보이지 않고, 금을 캐느라 농사도 못 짓고 잔뜩 손해만 보게 생겼으니 영식은 화가 난다. 영식의 분노는 더욱 커지고 수재와 아내는 영식의 눈치만 보며 사건이 전개된다. 갈등은 소설의 뿌리요, 씨앗임을 『금 따는 콩밭』은 명확히 보여준다.

이윽고 끄는 이의 다리는 무거워졌다. 자기 집 가까이 다다른 까닭이다. 새삼스러운 염려가 그의 가슴을 눌렀다.

"오늘은 나가지 말아요. 내가 이렇게 아픈데."

이런 말이 잉잉 그의 귀에 울렸다. 그리고 병자의 움쑥 들어간 눈이 원망하는 듯이 자기를 노려보는 듯하였다. 그러자 엉엉 하고 우는 개똥이의 곡성도 들은 듯싶다. 딸국딸국 하고 숨 모으는 소리도 나는 듯싶다.

"왜 이러우? 기차 놓치겠구먼."

하고, 탄 이의 초조한 부르짖음이 간신히 그의 귀에 들려왔다. 언뜻 깨달으니 김 첨지는 인력거 채를 쥔 채 길 한복판에 엉거주춤 멈춰 있지 않은가.

"예, 예."

하고 김 첨지는 또다시 달음질하였다. 집이 차차 멀어갈수록 김 첨지의 걸음에는 다시금 신이 나기 시작하였다. 다리를 재게 놀려야만 쉴 새 없이 자기의 머리에 떠오르는 모든 근심과 걱정을 잊을 듯이⋯⋯.

정거장까지 끌어다 주고 그 깜짝 놀란 일 원 오십 전을 정말 제 손에 쥠에 말마따나 십 리나 되는 길을 비를 맞아가며 질퍽거리고 온 생각은 아니하고, 거저 얻은 듯이 고마웠다. 졸부나 된 듯이 기뻤다. 제 자식뻘밖에 안 되는 어린 손님에게 몇 번 허리를 굽히며,

"안녕히 다녀옵시요."

하고, 깍듯이 재우쳤다.

– 「운수 좋은 날」

갈등은 사건이나 상황, 처지와 생각의 차이에서만 생기지 않는다. 내면의 갈등은 소설을 이끄는 강력한 씨앗이다. 『운수 좋은 날』에서 김 첨지의 마음은 전혀 다른 두 감정이 맞부딪친다.

김 첨지는 아침에 나올 때 아내가 아픈 걸 떠올리며 못내 불안하다. 아내가 하소연하는 소리가 귓가에 울리기까지 한다. 일을 그만 두고 냉큼 집에 들어가고 싶은 마음이 굴뚝같다. 불안은 인력거를 끄는 속도까지 떨어뜨린다.

불안하긴 하지만 이때까지 벌지 못했던 큰돈을 버는 기쁨은 이루 말할 수 없이 크다. 십리(약 4km)나 되는 길을 비를 맞으며 고생했지만 그것마저도 큰돈 앞에서는 힘겹지 않았다. 그동안 제대로 돈을 벌지 못하다가 운수가 좋아서 큰돈을 벌어들이니 어찌 기쁘지 않겠는가?

한편에서는 기쁘고, 한편에서는 불안하다. 그게 김 첨지의 감정이요, 갈등이다. 김 첨지의 마음은 끊임없이 불안과 기쁨으로 요동친다. 마음속의 갈등은 행동과 표정, 말로 나타나고, 『운수 좋은 날』의 이야기를 전개시킨다.

감정 교육을 해야 한다

현실에서는 처지나 생각의 차이보다 '감정'의 차이로 인해 갈등이 빚어지는 경우가 훨씬 많다. 심각한 갈등도 감정만 풀리면 눈 녹듯이 해결되기도 한다. 그래서 소설을 읽을 때도, 일상생활에서도 감정을 읽고, 감정의 갈등을 해결하려는 노력을 해야 한다.

사람은 이성적이고, 합리적이고, 논리적인 것 같지만, 실제 인간의 생각과 행동을 지배하는 건 감정인 경우가 훨씬 많다. 안타깝게도 학교에선 감정을 표현하고, 감정의 갈등을 해결하는 교육을 전혀 시키지 않는다. 학생들에게 정말 필요한 교육인데도 말이다.

갈수록 크게 문제가 되고 있는 학교 폭력도 결국엔 감정의 문제다. 학교 폭력을 휘두르는 학생의 내면엔 '분노'가 가득하다. 분노는 약한 자를 향해 터져 나오고, 그게 학교 폭력이다. 내면에서 솟아 나오는 분노의 감정을 다스리고, 건강하게 표현하고, 풀어내는 교육이 없는 한 학교 폭력은 끊임없이 그 모습을 달리하며 나타날 수밖에 없다.

갈등이 소설의 핵심이라고 할 때, 국어 교육의 목적은 갈등을 해결하는 힘을 학생들에게 길러 주는 것이어야 한다. 글 속에 나타난 갈등을 이해하고, 갈등의 해결 양상을 공부하며, 현실의 갈등을 어떻게 해결해야 하는지 함께 찾아 나가는 과정이 진짜 국어 교육이다.

사람을 이해하는 만큼, 딱 그만큼만 글을 이해한다

국어 독해력이 밥이다

독해력 일취월장

_연결과 토론

07 배경지식과 연결하기

"일제 강점기 때, 일본 정부가 우리나라 젊은 여성들을 강제로 군대에 끌고 가 성노리개로 삼는 등 몹쓸 짓을 했습니다. 일본에 강제로 끌려가 고통을 당했던 분들은 지금 80살이 넘으신 나이임에도 20년 넘게 일본 대사관 앞에서 수요일마다 집회를 하며 일본 정부의 공식 사과와 배상을 요구하고 있습니다. 일본군에 강제로 끌려가 고통을 당했던 이 여성들을 뭐라고 부를까요?"

이 질문에 어떤 학생이 이렇게 대답했다.

"부처님."

선생님은 어이가 없어서 따지듯 물었다.

"정말 부처님이라고 생각하고 대답한 거니? 몰라서 그런거니?"

선생님이 하도 어이 없어 하니까 그 학생은 대답은 하지 않고 머리만 긁적였다. 그 학생은 종군위안부에 대한 아무런 지식이 없었다. 들어본 적도 없었다.

『마사코의 질문』(손연자)에 실린 '잠들어라 새야'는 종군위안부였던 서은옥 할머니의 얘기가 나온다. 이 글을 읽을 때 '종군위안부'에 대한 지식이 전혀 없는 학생은 아무리 애를 써도 이 글을 제대로 읽어내지 못한다. '부처님'이라고 답한 학생도 마찬가지였다. 배경지식이 없으면 아무리 머리가 좋아도 이해하지 못한다.

배경지식은 이해의 원천

종군위안부가 뭔지 전혀 모르는 학생들은 '잠들어라 새야' 이야기를 읽어도 아무런 감흥이 없다. 내용이 왜 이렇게 전개되는지 알지도 못한다. 반면에 종군위안부를 조금이라도 아는 학생들은 일본에 분노하고, 짓밟힌 조선의 딸들에 대한 안타까움을 드러낸다.

글에 나타난 분노에 함께 분노하고, 안타까운 상황에 함께 안타까워하며, 긴장 넘치는 상황에 같이 긴장해야 제대로 된 책 읽기다. 내용을 아는 게 독해가 아니라 글에 담긴 감정을 함께 느끼는 게 독해다. 흔히 줄거리를 잘 기억하고, 질문에 답을 잘하면 독해를 제대로 한다고 여긴다. 학교 시험도 대부분 그런 능력만 측정한다. 그러나 그건 제대로 된 독해가 아니다. 글을 읽고 공감할 때 독해가 완성된다.

글을 읽고 글에 공감하기 위해서는 배경지식을 알아야 한다. '잠들어라 새야'를 읽고 제대로 공감하려면 종군위안부에 대해 알아야 하듯이, 어떤 글을 읽고 제대로 공감하려면 글이 바탕을 두고 있는 배경지식을 어느 정도는 알아야 한다. 지식이 부족하면 제대로 공감하지도, 느끼지도 못한다. 모르면 글을 이해하지 못한다. 글은 아는 만큼 보이고, 아는 만큼 이해한다.

배경지식을 쌓아야 한다. 풍성한 배경지식이 독해력의 밑바탕이다. 당연한 얘기지만 풍성한 배경지식을 쌓기 위해서는 다양한 분야의 책을 많이 읽어야 한다. 세상 돌아가는 일도 많이 알아야 한다. 무엇보다 스스로 많은 체험을 해야 한다. 배경지식이 풍부해지면 아무리 어려운 글도 쉽게 이해할 수 있다. 대입 논술 문제를 대다수 학생들이 어려워하는데, 어려워하는 이유는 바로 배경지식이 부족하기 때문이다. 생전 처음 들어보는 지식을 다루는 글을 읽는데 글이 제대로 이해될 리가 없다. 특히 비문학(논술, 수필, 설명문 등) 작품을 읽을 때 배경지식은 독해 수준을 좌우한다.

배경지식 활용해 소설 읽기

배경지식은 사건을 제대로 이해하기 위한 도구다. 배경지식을 이해하면 글을 좀 더 깊이 이해하게 되며, 글쓴이가 표현하고자 하는 바를 정확하게 파악할 수 있다. 이제 배경지식이 독해에 얼마나 큰 영향을 끼치는지, 배경지식을 활용해 글을 읽어내는 힘을 기르는 방법은 무엇인지 구체적인 글을 통해 확인해보겠다. 먼저 소설이다.

나는 이러한 아름다운 봄 경치에, 이렇게 마음껏 봄의 속삭임을 들을 때는 언제든 유토피아를 생각지 않을 수 없다. 우리가 시시각각으로 애를 쓰며 수고하는 것은 목적이 무엇인가? 역시 유토피아 건설에 있지 않을까. 유토피아를 생각할 때는 언제든 그 '위대한 인격의 소유자'며 '사람의 위대함을 끝까지 즐긴' 진나라 시황을 생각지 않을 수 없다.

우리가 어찌하면 죽지를 아니할까 하여 동남 삼백을 배를 태워 불사약을 얻으러 떠나 보내며, 예술의 사치를 다하여 아방궁을 지으며, 매일 신하 몇 천 명과 잔치로써 즐기며, 이리하여 여기 한 유토피아를 세우려던 시황은 몇 만의 역사가가 어떻다고 욕을 하든 그는 참말로 인생의 향락자이며, 역사 이후의 제일 큰 위인이라고 할 수가 있다. 그만한 순전한 용기 있는 사람이 있고야 우리 인류의 역사는 끝이 날지라도 하나의 사람을 가졌었다고 할 수 있다.

"큰 사람이었다."

하면서 나는 머리를 들었다.

— 『배따라기』

『배따라기』에 나온 이 글을 제대로 이해하려면 '유토피아', '진시황'에 대해 알아야 한다. 유토피아와 진시황을 전혀 모르는 채 이 글을 읽으면 글이 무엇을 말하는지 전혀 이해하지 못한다. 다음에 소개하는 배경지식을 읽은 뒤에 다시 한 번 윗글을 읽어보기 바란다.

유토피아(utopia)는 영국의 사상가인 토머스 모어가 16세기에 만들어 낸 말이다. 유토피아는 그리스어의 '없다'라는 뜻의 'ou'와 장소를 뜻하는 'topos'를 더해서 만든 말로, 말 그대로 하면 '이 세상에 존재하는 않는 장소'라는 말이다. 즉, 토마스 모어가 말한 유토피아는 '현실에 존재하지 않는 이상적인 사회'를 말한다. 토마스 모어가 묘사한 유토피아는 주민들이 10만 명인데, 민주주의 정치가 기본이며 화폐도 없고, 필요에 따라 물건을 가져다 쓴다. 집에는 자물쇠가 없고, 집은 자기 소유가 아니며, 정기적으로 이사를 가야 한다. 노동 시간은 6시간으로 정해져 있고, 먹는 것은 완전히 공짜다. 노동을 반드시 해야 하며, 문화 생활도 마음껏 누릴 수 있다. 인간이 상상 속에서만 그리던 완벽한 사회, 모든 사람들이 자유롭고 평등한 사회가 바로 유토피아다. 무릉도원, 파라다이스, 지상 천국 등을 비슷한 뜻으로 사용한다.

진시황은 수백 년 동안 여러 나라로 나뉘어 있던 중국을 최초로 통일했다. 중국의 통치자 중에서 처음으로 '황제'라는 명칭을 썼는데, '황제'는 중국 신화에 나오는 가장 강력한 신을 말한다. 즉, 진시황은 자신을 신과 같은 존재로 여겨 자신을 황제로 부르라고 하였다. 진시황은 최초로 중국을 통일하고 문자 통일, 도량형 통일, 군국제 실시 등 나라에 도움이 되는 정책도 펼쳤으나 가혹한 정치로 많은 비판을 받았다. 분서갱유라 하여 많은 책을 불태우고, 유학자들을 죽이기도 했으며, 만리장성과 아방궁을 건설하느라 수백만 명의 백성들을 강제 노동에 동원하기도 했다. 법이 너무나 가혹해서 죄를 지으면 가족을 몰살시킬 정도였다.

원래 권력이 강하고 가진 게 많을수록 죽음에 대한 두려움이 큰 법이다. 진시황도 마찬가지였다. 진시황은 영원히 죽지 않는 삶을 꿈꾸며 죽지 않는 약을 찾아내라고 사람들을 보내기도 했으며, 아방궁을 지어 영원히 죽지 않는 방법을 찾으려 했다. 그러나 사람이 태어나면 죽는 법, 진시황은 생명에 치명적인 수은을 영원히 사는 비법을 지닌 약으로 잘못 알고 계속 사용하다 타고난 목숨보다 빨리 죽고 말았다.

유토피아와 진시황에 대한 지식을 바탕으로 글을 다시 읽어 보자. 아마 글이 이해하기가 훨씬 편할 것이다. 작가가 표현한 단어 하나하나가 다 살아서 머리에 들어올 것이다. 배경지식이 쌓이면 글을 이해하는 힘은 저절로 커진다.

조그만 아이들까지도 그를 돌아 세놓고 욕필이(본 이름이 봉필이니까) 욕필이, 하고 손가락질을 할 만치 두루 인심을 잃었다. 허나 인심을 정말 잃었다면 욕보다 읍의 배참봉댁 마름으로 더 잃었다. 번히 마름이란 욕 잘하고, 사람 잘 치고, 그리고 생김 생기길 호박개 같애야 쓰는 거지만 장인님은 외양이 똑 됐다. 장인에게 닭 마리나 좀 보내지 않는다든가 애벌논 때 품을 좀 안 준다든가 하면 그해 가을에는 영락없이 땅이 뚝뚝 떨어진다. 그러면 미리부터 돈도 먹고 술도 먹이고 안달재신으로 돌아치던 놈이 그 땅을 슬쩍 돌라 안는다. 이 바람에 장인님 집 외양간에는 눈깔 커다란 황소 한 놈이 절로 엉금엉금 기어들고, 동리 사람들은 그 욕을 다 먹어 가면서도 그래도 굽실굽실 하는 게 아닌가……

— 「봄봄」

설혹 주는 감자를 안 받아먹는 것이 실례라 하면, 주면 그냥 주었지 '느 집엔 이거 없지.'는 다 뭐냐. 그러잖아도 저희는 마름이고 우리는 그 손에서 배재를 얻어 땅을 부치므로 일상 굽실거린다. 우리가 이 마을에 처음 들어와 집이 없어서 곤란으로 지낼 제 집터를 빌리고 그 위에 집을 또 짓도록 마련해준 것도 점순네의 호의였다. 그리고 우리 어머니, 아버지도 농사 때 양식이 딸리면 점순이네 한테 가서 부지런히 꾸어다 먹으면서 인품 그런 집은 다시 없으리라고 침이 마르도록 칭찬하곤 하는 것이다. 그러면서도 열일곱씩이나 된 것들이 수군수군하고 붙어 다니면 동네의 소문이 사납다고 주의를 시켜준 것도 어머니였다. 왜냐하면 내가 점순이 하고 일을 저질렀다가는 점순네가 노할 것이고, 그러면 우리는 땅도 떨어지고 집도 내쫓기고 하지 않으면 안 되는 까닭이었다.

― 「동백꽃」

한 번 읽은 뒤에 다음에 소개하는 배경지식을 읽고 다시 읽어 보자.

『동백꽃』과 『봄봄』에는 공통적으로 '마름'이 나온다. 오늘날에는 존재하지 않지만, 예전에 지주 소작제가 있을 때 마름은 힘 없는 농민들에게 엄청나게 무서운 존재였다. 지주는 땅 주인이다. 소작이란 땅 주인에게 땅을 빌려서 농사를 짓고, 가을에 농산물을 수확하면 그중 일부를 땅 주인에게 바치는 걸 말한다. 소작을 하는 농민을 '소작농'이라고 한다. 옛날에는 보통 50~60%를 지주에게 바쳤으며, 심한 경우

70% 이상을 땅 주인이 가져가는 경우도 많았다고 한다. 과거 농촌의 농민들은 대부분 소작농이었는데, 힘 있고 돈 많은 양반들이 한 지역의 땅을 싹쓸이해서 거의 대부분 소유했기 때문이다.

보통 지주들은 땅은 넓으나 이를 자신이 모두 관리하기 힘들다. 그래서 동네 사정을 잘 알고, 자기 말을 잘 듣는 사람을 뽑아서 소작농을 관리하게 한다. 지주들이 임명한 땅 관리인이 바로 '마름'이다. 마름들은 성격이 매섭고 무서웠다. 자신도 농민이면서 힘 없는 농민들을 무지막지하게 괴롭히기도 했다. 마름은 지주는 아니었지만 농민들에겐 지주보다 더 무서운 존재였다. 마름에게 밉보이면 농사 지을 땅이 사라지기 때문이다. 사람을 속이고, 힘 약한 사람을 괴롭히고, 자기 이익만을 추구하는 존재들이 바로 '마름'이었다. 한마디로 마름은 왕초를 따라다니며, 왕초의 힘을 믿고 남을 괴롭히는 사람이라고 생각하면 된다.

『봄봄』에서 장인님은 마름이었다. 마름은 공통적으로 인심이 사납고, 가혹한 성격이다. 약속한 결혼을 차일피일 미루며, 점순이 키를 핑계로 대는 모습이 딱 마름이다. 『동백꽃』에서 주인공네 집안이 점순이네 집안에 눈치를 보는 것도 점순이네 아버지가 마름이기 때문이다. 땅을 관리하고, 소작을 관리하는 사람이니 눈치를 보지 않을 수가 없다. 마름은 농민들의 목줄을 쥐고 있는 사람이므로 주인공이 점순이의 사랑을 쉽게 받아들이지 못하고, 눈치를 보는 게 당연하다.

지주 소작제에서 소작농의 서글픈 처지, 마름의 가혹하고 잔인한 성격을 이해한다면 『봄봄』과 『동백꽃』을 제대로 읽는 데 많은 도움이 된다.

그의 고향은 대구에서 멀지 않은 K군 H란 외따른 동리였다. 한 백호 남짓한 그곳 주민은 전부가 역둔토를 파먹고 살았는데, 역둔토로 말하면 사삿집 땅을 부치는 것보다 떨어지는 것이 후하였다. 그러므로 넉넉지는 못할 망정 평화로운 농촌으로 남부럽지 않게 지낼 수 있었다. 그러나 세상이 뒤바뀌자 그 땅은 전부가 동양척식회사의 소유에 들어가고 말았다. 직접으로 회사에 소작료를 바치게 되었으면 그래도 나으련만 소위 중간 소작인이란 것이 생겨나서 저는 손에 흙 한 번 만져 보지도 않고 동척엔 소작인 노릇을 하며, 실지인에게는 지주 행세를 하게 되었다. 동척에 소작료를 물고 나서 또 중간 소작료인에게 긁히고 보니, 실작인의 손에는 소출이 3할도 떨어지지 않았다. 그 후로 '죽겠다, 못 살겠다'하는 소리는 중이 염불하듯 그들의 입길에서 오르내리게 되었다. 남부여대하고 타처로 유리하는 사람만 늘고, 동리는 점점 쇠진해 갔다.

지금으로부터 9년 전, 그가 열일곱 살 되던 해 봄에(그의 나이는 실상 스물여섯이었다. 가난과 고생이 얼마나 사람을 늙히는가?) 그의 집안은 살기 좋다는 바람에 서간도로 이사를 갔었다. 쫓겨 가는 운명이거든 어디를 간들 신신하랴. 그곳의 비옥한 전야도 그들을 위하여 열려질 리 없었다. 조금 좋은 땅은 먼저 간 이가 모조리 차지하였고, 황무지는 비록 많다 하나 그곳에 당도하던 날부터 아침거리, 저녁거리 걱정이랴. 무슨 행세로 적어도 1년이란 장구한 세월을 먹고 입어 가며 거친 땅을 풀 수가 있으랴. 남의 밑천을 얻어서 농사를 짓고 보니, 가을이 되어 얻는 것은 빈 주먹뿐이었다.

－「고향」

『고향』에도 지주 소작제의 가혹한 현실이 잘 드러난다. 그런데 여기에 '동양척식주식회사'라는 낯선 이름이 등장한다. '동양척식주식회사'는 일본제국주의자들이 조선을 지배하기 위해 설립한 회사로, 우리나라 농민들에게 나쁜 짓하기로 유명한 회사였다.

동양척식주식회사는 우리나라 농민들의 땅을 엄청나게 빼앗아 일본 농민들에게 나눠주었다. 동양척식주식회사에 땅을 빼앗긴 우리나라 농민들은 도시로 옮겨가거나 만주로 넘어가야 했다. 『고향』의 주인공도 땅을 빼앗기고 어쩔 수 없이 만주로 이사를 갔다. 우리나라 농민들이 이사를 간 만주 땅이 '간도'다. 1920~30년대 우리나라 농민들은 동양척식주식회사의 무자비한 약탈에 저항하며 격렬하게 싸우기도 했다. 1927년 나석주 열사는 동양척식주식회사에 폭탄을 던져 민족적 원한을 표출하였다.

『고향』의 주인공은 고향에서 대대로 농사 지어온 땅을 빼앗기고, 어쩔 수 없이 살기 힘든 간도로 이사를 갔지만 결과는 비참했고, 결국 흘러흘러 일본까지 갈 수밖에 없었다. 일제 강점기 우리나라 농민들의 삶은 『고향』의 주인공처럼 대부분 비극적이었다. 일제에 수탈당한 농민들의 삶을 알면, 『고향』이 표현한 모습이 실제 현실이란 걸 알게 될 것이다.

"선생님, 저는 갔었습니다."

"어디를?"

"그놈······ 지주 놈의 집에······."

무얼? 여는 눈물 나오려는 눈을 힘 있게 감았다. 그리고 덥석 그의 벌써 식어 가는 손을 잡았다. 잠시의 침묵이 계속되었다. 그의 사지에서는 무서운 경련이 끊임없이 일었다. 그것은 죽음의 경련이었다. 듣기 힘든 작은 그의 소리가 또 그의 입에서 나왔다.

"선생님?"

"왜?"

"보구 싶어요. 전 보고 시……."

"뭐이?"

그는 입을 움직였다. 그러나 말이 안 나왔다. 기운이 부족한 모양이었다. 잠시 뒤에 그는 또 다시 입을 움직이었다. 무슨 소리가 그의 입에서 나왔다.

"무얼?"

"보구 싶어요. 붉은 산이…… 그리고 흰 옷이!"

아, 죽음에 임하여 그는 고국과 동포가 생각난 것이었다. 여는 힘없이 감았던 눈을 고즈너기 떴다. 그때에 '삶'의 눈도 번쩍 떴다. 그는 손을 들려고 하였다. 그러나 이미 부러진 그의 손은 들리지 않았다. 그는 머리를 돌이키려 하였다. 그러나 그럴 힘이 없었다. 그는 마지막 힘을 혀 끝에 모아 가지고 입을 열었다.

"선생님."

"왜?"

"저것…… 저것……."

"무얼?"

"저기 붉은 산이…… 그리고 흰 옷이…… 선생님 저게 뭐예요!"

여는 돌아보았다. 그러나 거기는 황막한 만주의 벌판이 전개되어 있을 뿐이었다.

"선생님 노래를 불러주세요. 마지막 소원…… 노래를 해주세요. 동해물과 백두산이 마르고 닳도록……."

– 「붉은 산」

『고향』과 마찬가지로 『붉은 산』도 일제 강점기의 열악한 현실을 바탕으로 한다. 『붉은 산』은 간도로 옮겨 간 우리나라 사람들의 열악하고 처참한 삶을 보여준다. 잔혹한 중국인 지주에게 저항하다 죽어가며, 조국을 그리워 한 삶은 머나먼 외국에서 죽어간 우리 선조들의 현실이었다. 나라를 잃은 백성의 괴로움과 처참함을 알면, 『붉은 산』을 읽으며 저절로 입술에 힘이 들어가고, 가슴에서 뭉클함이 솟아오른다.

여름장이란 애시당초에 글러서, 해는 아직 중천에 있건만 장판은 벌써 쓸쓸하고 더운 햇발이 벌여놓은 전 휘장 밑으로 등줄기를 훅훅 볶는다. 마을 사람들은 거지반 돌아간 뒤요, 팔리지 못한 나무꾼 패가 길거리에 궁싯거리고들 있으나 석유병이나 받고 고깃마리나 사면 족할 이 축들을 바라고 언제까지든지 버티고 있을 법은 없다. 춤춤스럽게 날아드는 파리떼도 장난

꾼 각다귀들도 귀치 않다. 얽둑배기요 왼손잡이인 드팀전의 허생원은 기어
코 동업의 조선달에게 낡아보았다.

"그만 거둘까?"

"잘 생각했네. 봉평장에서 한번이나 흐뭇하게 사본 일 있을까. 내일 대
화장에서나 한몫 벌어야겠네."

"오늘밤은 밤을 새서 걸어야 될 걸?"

"달이 뜨렷다?"

절렁절렁 소리를 내며 조선달이 그날 산 돈을 따지는 것을 보고 허생원
은 말뚝에서 넓은 휘장을 걷고 벌여놓았던 물건을 거두기 시작하였다. 무명
필과 주단바리가 두 고리짝에 꼭 찼다. 멍석 위에는 천 조각이 어수선하게
남았다.

다른 축들도 벌써 거진 전들을 걷고 있었다. 약삭빠르게 떠나는 패도
있었다. 어물장수도, 땜장이도, 엿장수도, 생강장수도 꼴들이 보이지 않았
다. 내일은 진부와 대화에 장이 선다. 축들은 그 어느 쪽으로든지 밤을 새
며 육칠십 리 밤길을 타박거리지 않으면 안 된다.

－『메밀꽃 필 무렵』

요즘은 슈퍼나 마트에 가면 원하는 물건을 언제든지 산다. 전국 어딜가
나 비슷하다. 그러나 예전엔 그렇지 않았다. 서울은 늘 장이 열렸지만 지방은
장이 돌아가면서 열렸다. 그걸 '5일장'이라고 한다.

『메밀꽃 필 무렵』이 그리는 풍경은 강원도 봉평의 '5일장'이다. 5일장은 떠

: 국어 독해력이 밥이다 :

돌아다니며 장사를 하는 장돌뱅이와 가난한 서민들이 물건을 사고팔기 위해 만나는 공간이었다. 5일장에서는 장사꾼들만 장사를 하지 않고 서민들도 집에서 팔 만한 물건을 들고 나와 길거리에 펼쳐 놓고 장사를 했다. 온갖 사람들이 자신이 팔고 싶은 물품을 들고 나오기 때문에 5일장에는 별의별 물건이 다 있었다. 5일장에서 서민들은 서로 살아가는 이야기를 나누고, 정보를 교환했다. 장이 끝나면 함께 술을 먹고 어울려 놀기도 했다. 5일장이 열리는 날이면 시골에 사는 아이들은 부모님이 사다주시는 선물을 손꼽아 기다리기도 했다. 5일장이라는 명칭은 같은 장소에서 5일마다 한 번씩 장이 열리기 때문에 붙여진 이름이다. 어떤 장은 날짜가 1, 6일에 열리고 어떤 장은 2, 7일에 열린다. 날짜 간격이 정확히 5일이다. 5일장은 대형마트가 지방 곳곳에 등장하면서 점차 사라지고 있는 중이다.

『메밀꽃 필 무렵』이 그려낸 아름다운 5일장의 모습은 사라져 가는 우리의 아름다운 전통문화다. 5일장을 알면 봉평장을 무대로『메밀꽃 필 무렵』이 그려낸 멋진 풍경이 가슴으로 다가올 것이다.

배경지식 활용해 수필·논술문 읽기

다음은 수필과 논술문이다. 소설을 제대로 이해하려면 배경지식이 필요하긴 하지만, 배경지식이 부족해도 소설은 어느 정도 이해할 수 있다. 소설은 어쨌든 이야기이기 때문이다. 반면에 수필과 논술문은 배경지식이 없으면 이해하기 어려운 경우가 많다. 수필과 논술문 읽기에 배경지식이 미치는 영향을 살펴보고, 배경지식을 활용해 글을 이해하는 법을 익혀 보자.

요즘 유행하는 대다수의 육아법은 편안함을 추구한다. 기나긴 진통 시간의 불편함과 고통을 피하기 위해 간단하게 제왕절개 수술을 선택하고, 항상 아이 곁에 붙어 있어야 하고, 밤에 잠도 못자며 직장에서도 항상 신경 써야 하는 엄마젖 대신 간편하게 분유를 먹인다. 일손이 많이 간다는 이유로 사용이 편리한 종이 기저귀를 사용하고, 시간이 없다는 이유로 손쉽게 시중에서 구입한 이유식을 아이에게 먹인다. 어디 그뿐인가! 간편하게 돌보기 위한 숱한 도구들이 개발되어 보행기에 흔들침대, 캐리어와 같은 육아용품뿐만 아니라 하나씩 고르기 힘들다는 이유로 책과 CD, 장난감을 전집류로 구입한다. 정말 간편하고 편리한 육아법이다.

그런데 문제는 요즘 유행하는 편리한 육아법이 부모에겐 편리할지 몰라도 아이들의 기본적인 욕구를 무시한 비인간적인 육아요, 아이들의 건강과 정서 발달에 치명타를 가할 수 있는 위험한 육아법이라는 점이다.

제왕절개로 태어나면서부터 아이들은 폭력에 노출된다. 태어나자마자 쏟아지는 강렬한 빛에 갑자기 낯선 인간들이 엉덩이를 두드리고 그때까지 한 번도 떨어져 본 적이 없던 엄마의 심장 소리를 듣지 못하고 낯선 곳에 버려지는 폭력! 가히 비인간적이다 못해 잔혹한 모습이다. 그뿐이랴! 신생아에게 가장 기본적인 욕구인 엄마젖을 빨고 싶은 바람은 완전히 빼앗기고 고무젖꼭지나 손가락만 열심히 빨아야 한다. 빠는 욕구는 아이들의 가장 기본적인 욕구인데, 이는 완전히 무시된다. 언제 쉬를 했는지 알지도 못한 채 몇 시간이고 종이 기저귀를 차고 있어야 하고, 겨우 대변을 봤을 때나 관심을 두는 보육자 아래서 아이들은 자신들이 사랑받는다는 느낌을 받지 못한다. 편안하고 안락한 부모의 품 대신 흔들침대에 누워 갓난아기 스스로 자신을 위로해야 한다. 편리한 육아법엔 그 어디에도 아이들의 권리와 요구는 없다.

— 「효원이 잘 커요」 중에서

이 글은 편리함만을 추구하는 오늘날의 출산·육아 문화를 비판한다. 이 글을 이해하기 위해서 특별한 배경지식이 필요 없을 수도 있다. 그러나 오늘날 우리 사회를 지배하는 출산, 육아 문화를 어느 정도 안다면 글에서 주장하는 바가 무엇인지 분명하게 다가온다.

제왕절개와 자연 출산, 분유와 모유 수유, 종이 기저귀와 천 기저귀, 이유식, 각종 육아 용품의 문제점까지 이 글을 이해하기 위해 갖추어야 할 배경지식은 매우 많다. 여기에 대한 지식은 아이를 낳고 길러 본 부모님이라면 대부분 상식적으로 안다. 그러나 일반 중·고등학생들은 기초적인 배경지식도 없다. 기초적인 배경지식이 없기 때문에 글이 비판하는 핵심 내용을 제대로 이해하기가 어렵다. 배경지식은 글을 이해하는 수준을 결정한다.

인드라는 인도의 수많은 신 가운데 하나로, '제석천'이라고도 한다. 제석천의 궁전에는 무수한 구슬로 만든 그물이 걸려 있다. 그 그물이 '인드라망'이다. 그물에 있는 투명 구슬에는 온 우주가 투영된다. 그리고 구슬과 구슬은 서로서로 다른 구슬을 비춘다. 인드라망 구슬 속에서 세상은 서로가 서로를 비추며 존재한다. 하나로 존재하는 것은 없으면 모든 건 서로 연결되어 있다. 결국 고립되어 존재하는 건 세상에 하나도 없다. 모든 건 서로의 관계 속에서만 존재한다. 인드라망은 세상은 모두 연결되어 있음을 상징적으로 나타낸 표현이다. 이것이 있으면 그것이 있고, 이것이 없으면 그것도 없다. 이것이 생김으로써 그것이 생기고, 이것이 사라짐으로써 그것도 사라진다. 우린 늘 누군가가 있음으로써 존재하고, 내가 존재함으로써 누군가가 존재한다. 내 작은 행동은 누군가에게 영향을 끼치고, 누군가의 행동은 또 나에게 영향을 끼친다. 사람은 홀로 존재할 수도 없고, 존재하지도 않는다. 사람은 무수한 관계 속에서만 존재한다.

미국의 기상학자 에드워드 로렌츠가 1972년에 미국 과학부흥협회에서 강연을 했다. 강연 제목은 '예측가능성-브라질에서 한 나비가 날갯짓을 하면 텍사스에서 돌풍이 일어날 수 있는가?'다. 이때 처음 사용된 나비효과라는 말은 일반적으로 사소한 사건 하나가 나중에 커다란 효과를 불러올 수 있다는 의미다. 나비효과에는 크게 두 가지 뜻이 담겨 있다. 첫째, 나비효과는 세상이 복잡하게 연결되어 있음을 드러낸다. 둘째, 나비효과는 미래를 정확하게 예측하는 건 불가능함을 드러낸다. 나비효과는 인드라망을 현대 과학적인 언어로 설명한 것이다.

사람은 다른 사람의 영향 속에서 산다. 좋은 영향을 받으면 좋은 사람이 되고, 나쁜 영향을 받으면 나쁜 사람이 되는 경우가 상당히 많다. 청소년 시기에 가장 큰 영향을 끼치는 사람으로는 부모, 선생님, 친구가 있다. 이들의 영향력은 굳이 인드라망이나 나비효과를 따지지 않더라도 명확하다. 그래서 잘해야 한다. 좋은 영향을 끼치기 위해 조심해야 한다. 내 한 마디, 내 작은 행동이 누군가의 삶에 태풍을 일으킬 수도 있기 때문이다.

– 『청소년을 위한 철학 콘서트』 중에서

이 글을 제대로 이해하려면 불교에서 말하는 '인드라망'에 대한 지식, 과학에서 말하는 '나비효과'에 대해 어느 정도 이해를 해야 한다. 물론 이 글 자체에 인드라망과 나비효과를 설명하고 있기는 하지만, 글이 주장하는 바를 온전히 이해하려면 인드라망과 나비효과에 대한 지식이 있는 게 훨씬 낫다.

인드라망은 세상 모든 것이 연결되어 있음을 보여주는 구슬이다. 세상에 존재하는 그 어떤 것도 홀로 존재하지 않으며, 서로 밀접하게 연결되어 있음을 깨달으라는 것이 인드라망의 비유 속에 담긴 의미다.

나비효과는 작은 나비의 '날개짓'이 태풍을 일으킬 정도로 거대한 영향을 끼칠 수 있다는 현대 과학 이론이다. 나비효과는 인드라망과 마찬가지로 세상 모든 게 밀접하게 연결되어 있다는 걸 보여준다. 세상 모든 게 너무나 오밀조밀하게 연결되어 있기 때문에 하나의 작은 행동이 어떤 결과를 빚을지 아무도 알 수 없다는 것이다. 우리나라에 있는 나비의 '날개짓'이 미국에 태풍을 일으킬지 전혀 알 수 없다면, 미래를 정확히 예측하는 과학이란 존재할 수 없다. 그저 대략 어떤 일이 벌어질지 짐작하는 게 과학이 할 수 있는 일의 전부다.

이 글은 인드라망과 나비효과를 바탕으로, 내 작은 행동이 어떤 결과를 빚을지 알 수 없으므로, 사람을 대할 때 항상 조심하고 배려하며 신중하라는 주장을 한다. 인드라망과 나비효과의 의미를 이해했다면, 이 글이 주장하는 바에 저절로 동의를 할 것이다.

"그 가수가 정말 문제가 많은가 봐. 인터넷을 보니까 정말 이런 저런 일들이 많았더라고……."

도대체 연예인에게는 관심이 없던 친구가 어느 날 내게 한 가수에 관한 이야기를 전했다. 그 가수에 관한 안 좋은 이야기들이 잔뜩 담겨 있었다. 물론 그 친구가 그 가수를 특별히 싫어하거나, 비난을 하지는 않았다. 그래도 그 친구는 많은 사람들의 비판을 보건데 사람들의 비판이 나름대로 근거가 있다고 여기는 듯했다.

난 고개를 저었다.

"설령 그 가수가 잘못을 했더라도 그렇게 많은 사람들이 몰려가서 비난하는 건 과도한 거라고 봐. 죽을 죄를 지은 것도 아니고, 크나큰 비리를 저지른 것도 아닌데 사소한 잘못으로 그렇게 수만 명이 달려들어 비난하고, 욕을 해야겠어? 진짜 욕먹을 사람에게는 그렇게 못하면서 다수 속에 숨어서 약자를 공격하는 건 절대로 정당하다고 볼 수 없어. 그거야 말로 진짜 욕먹을 짓이고, 마녀사냥일 뿐이야."

누가 잘못했다고 하면 인터넷에 우루루 몰려가 비난을 쏟아내는 풍경은 정말 흔하다. 유명한 연예인이 잘못을 저지르면 그 잘못의 크기보다 훨씬 거대한 비난의 물결이 일어난다. 일반인이라도 동영상에 나쁜 짓을 한 게 찍혀서 사회적인 관심이라도 받으면 수십 만 명이 몰려가 인생을 망가뜨릴 정도로 비난을 한다. 전형적인 마녀사냥이다.

— 「청소년을 위한 철학 콘서트」 중에서

이 글은 연예인이나 일반인들에 대해 벌어지는 인터넷상의 비판이 거의 대부분 '마녀사냥'과 같은 것이므로 옳지 못하다고 비판한다. 이 글을 이해하려면 마녀사냥이 무엇인지 알아야 한다.

'마녀사냥'은 13~16세기 중세 유럽에서 벌어진 사건이다. 유럽 중세의 마녀사냥은 정말 잔인했다. 수많은 여성들이 마녀로 몰려 처형을 당했다. 우물에 빠뜨려서 살아나오면 마녀이고 죽으면 마녀가 아니며, 한밤중에 집에 있지 않으면 '마녀회의'에 참석한 것이고, 고문을 가하는데도 비명을 지르지 않거나 괴로워하지 않으면 마녀로 여겼다. 지나치게 똑똑해도 마녀고, 지나치게 멍청해도 마녀였으며, 남을 너무 많이 도와도 마녀였고, 남을 너무 도와주지 않아도 마녀였다. 결국 어떤 여자든 한 번 의심을 받으면 마녀가 될 수밖에 없었다. 심지어는 걸음마도 제대로 떼지 못한 유아를 마녀라고 하여 불에 태워 죽였다.

마녀사냥은 중세를 지배하던 권력자들이 자신들의 권력을 계속 유지하고, 자신들에게 도전하던 세력을 꺾기 위한 의도로 일으킨 범죄였다. 중세시대는 종교가 세상을 지배하였다. 정확하게는 교황과 성직자들이 세상을 지배한 시대였다. 그러나 교회가 타락하면서 종교를 개혁하자는 움직임이 생겼고, 교황과 성직자들은 바로 이러한 종교 개혁의 움직임을 꺾어 버리고자 마녀사냥을 벌였다. 즉, 자신들의 타락과 부패로 지금까지 누리던 권력이 위협받자 권력을 유지하기 위해 잔혹한 마녀사냥을 벌인 것이다.

지금도 '마녀사냥'은 다수 또는 힘을 쥔 자들이 힘 없는 약자를 합리적이지 않은 이유, 무차별적인 방법으로 비난하는 경우에 사용한다. 흔히 인터넷에서 수많은 네티즌들이 사소한 잘못을 저지른 사람(또는 아무런 죄도 없는 사람)을 과도하게 비난할 때 '마녀사냥'이라고 일컫는다. 이 글에서도 인터넷에서 벌어지는 비난은 대부분 마녀사냥과 같은 것이라며 비판한다.

개념어를 알아야 글을 이해한다

이 글에서 마녀사냥은 단순한 단어가 아니라 역사적인 사건에 바탕을 둔 '개념어'다. 설명문이나 논술문을 제대로 이해하려면 마녀사냥과 같은 '개념어'를 제대로 알아야 한다. 개념어란 일반적으로 우리들이 사용하는 단어의 뜻이 아니라 '학문적으로 정의되어 특별한 의미를 지닌 뜻으로 사용하는 단어'를 말한다. 개념어를 모르면 설명문이나 논술문을 제대로 이해하기 어렵다.

개념어에 대한 이해가 바로 배경지식이다. 개념어를 폭넓게 알고 있으면 대입 논술에 나오는 고난도의 제시문도 그리 어렵지 않게 이해할 수 있다. 개념어를 많이 알기 위해서는 비문학작품을 폭넓게 읽어야 한다. 물론 다양한 시사 상식도 갖춰야 한다. 학교 공부 하느라 바빠서 독서와 시사에 대한 관심을 소홀히 하는 학생들이 많은데, 배경지식이 부족하면 학교나 대입 시험에 나오는 글을 제대로 이해하기 힘들다는 점을 잊지 말아야 한다.

글과 글을 연결하기 08

"여기 한 개의 볼펜이 있다. 이 볼펜은 긴 걸까? 짧은 걸까?"

대부분의 학생들은 별 생각 없이 짧다고 얘기한다.

그러면 옆에 지우개를 놓고 다시 묻는다.

"이 볼펜은 길까? 짧을까?"

"길어요."

"지우개보다 길잖아요."

"다시 질문. 지구에서 태양까지 거리는 먼 걸까? 가까운 걸까?"

별 생각 없는 학생은 멀다고 답하지만, 볼펜 질문에 담긴 의미를 깨달은 학생은 고민을 하다 이렇게 답한다.

"알 수 없어요. 먼지, 짧은지는 다른 것과 견주어야만 드러나기 때문이에요."

볼펜 하나로는 길지도 짧지도 않다. 태양과 지구 사이의 거리도 마찬가지다. 견주는 대상이 없다면 멀지도 가깝지도 않다. 모든 건 상대적이다. 견주는 대상이 있어야만 길고 짧음이 드러난다.

내가 혼자 있으면서 회색 옷을 입고 있으면 그건 개성이 있는 것도, 없는 것도 아니다. 내 옷이 개성이 있는지, 없는지는 다른 사람이 입은 옷과 견줄 때만 드러난다. 다른 사람들이 모두 나와 같은 회색 옷을 입었다면 내 옷은 개성이 없다. 그러나 다른 사람이 모두 검은색 옷을 입고 있다면 내 회색 옷은 매우 개성이 넘치는 옷이 된다.

연결해서 생각하는 것이 고급 독해력

한 사물이나 존재의 본질은 존재 자체가 아니라 존재의 상대적 관계 속에서만 드러난다. 글도 마찬가지다. 글의 특징이나 성격, 의미는 글이 자기 혼자 있으면 드러나지 않는다. 글이란 다른 글과의 관계 속에서만 특징이 드러나고 성격이 나타난다. 그래서 글을 읽을 때는 글과 글을 연결해서 생각하고, 독해할 줄 알아야 한다.

하나의 글을 이해하는 게 낮은 수준의 독해력이라면, 글과 글을 연결해서 생각하는 능력이 고급 독해력이다. 수능이나 논술에서는 단순한 독해력을 측정하기보다 고급 독해력을 측정한다. 연결시켜 생각하는 능력이 진짜 독해력이기 때문이다.

중학교에 올라가면 수필, 소설, 시, 설명문, 논술문의 특징을 배운다. 그 특징이란 홀로 있을 때의 특징이 아니라 다른 갈래와 견줄 때 드러나는 특징이다. 시는 소설과 달리 운율이 있고, 심상을 도드라지게 나타낸다. 논술문은 설득을 하지만 설명문은 설명을 한다. 수필은 주위에서 겪는 사소한 일들을 담담하게 풀어내지만, 소설은 허구의 이야기를 그럴듯하게 그려낸다. 다른 갈래와 견주어서 다른 점이 바로 그 갈래의 특징이다.

글과 글의 관계를 분석하는 능력을 노골적으로 측정하는 시험이 바로 대입 논술이다. 대입 논술에서는 여러 제시문을 주고, 글을 분석하게 한다. 글과 글의 관계를 바탕으로 자신의 생각을 제시하라고 요구한다.

- 제시문의 관계를 분석하여 설명하시오.
- 제시문을 두 가지 의견으로 나눈 뒤 서로 다른 점을 견주어 설명하시오.
- 글 (가)를 요약하고 이를 바탕으로 글 (나), (다), (라)의 특징을 설명하시오.

글과 글을 연결시켜서 생각하는 능력이 떨어지는 학생은 대입 논술 문제를 앞에 두고 막막할 수밖에 없다. 상위권 대학에서 논술 시험을 보는 것은 낮은 수준의 독해력이 아니라 고급 독해력을 갖추었는지 확인하기 위함이다. 많은 학생들이 논술 시험을 어려워하는 건 글쓰기를 못하기 때문이기도 하지만, 연결해서 생각하는 고급 독해력이 부족하기 때문이다.

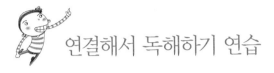

연결해서 독해하기 연습

글을 이해하려면 관계 속에서 이해해야 한다. 하나의 글을 읽을 때 단순히 그 글만 생각하지 말고 이미 읽었던 글과 연관 관계가 있는지 생각하며 읽는 습관을 들여야 한다. 자신이 과거에 읽었던 글을 떠올리며 지금 읽는 글과의 공통점, 차이점, 비슷한 점, 연결되는 지점 등을 생각하며 읽는 연습을 해야만 고급 독해력이 길러진다.

하나의 글을 읽을 때도 연결해서 생각해야 한다. 앞부분과 뒷부분이 어떻게 연결되는지, 여러 가지 사건들은 클라이맥스(절정)와 어떤 관계가 있는지, 앞에 제시되었던 설명은 결론과 어떤 식으로 연결되는지 자꾸 생각하며 읽어야 한다. 연결해서 생각하다 보면 글의 의미가 더 깊이 있게 다가오고, 글을 온전하게 이해하게 된다. 연결해서 생각하면 글이 평면이 아니라 입체로 보인다.

이제 몇 가지 글을 통해 연결해서 독해하는 연습을 해보겠다. 하나의 글에서 연관 관계를 생각해보는 글도 있고, 전혀 다른 글끼리 연결해서 생각하는 글도 있다. 여기서 연습한 걸 바탕으로 앞으로는 어떤 글을 읽든지 그 전에 읽은 글과 자꾸 연결해서 생각하는 습관을 들이길 권한다.

* * *

글(1)은 『운수 좋은 날』, 글(2)는 『술 권하는 사회』, 글(3)은 『광염 소나타』다. 이 세 글을 읽고 공통점과 차이점을 찾아보자. 설명을 읽기 전에 자신만의 힘으로 발견하려는 노력을 하기 바란다. 자기 힘으로 해결하려고 고민하는 과정에서 독해력은 길러진다. 고민하지 않고 누군가가 그냥 알려주는 지식을 받아들이기만 하면 '암기력'은 늘지 몰라도 '독해력'은 전혀 길러지지 않음을 명심하자.

글(1) 『운수 좋은 날』

김 첨지의 눈은 벌써 개개 풀리기 시작하였다. 석쇠에 얹힌 떡 두개를 숭덩숭덩 썰어서 볼을 볼록거리며 또 곱빼기 두 잔을 부어라 하였다.

치삼은 의아한 듯이 김 첨지를 보며,

"여보게 또 붓다니, 벌써 우리가 넉 잔씩 먹었네. 돈이 사십 전일세."

"아따 이놈아, 사십 전이 그리 끔찍하냐? 오늘 내가 돈을 막 벌었어. 참 오늘 운수가 좋았느니."

"그래 얼마를 벌었단 말인가?"

"삼십 원을 벌었어, 삼십 원을! 이런 젠장맞을, 술을 왜 안 부어…… 괜찮다, 괜찮아. 막 먹어도 상관이 없어. 오늘 돈 산더미같이 벌었는데."

"어, 이사람 취했군, 그만 두세."

"이놈아, 이걸 먹고 취할 내냐? 어서 더 먹어."

하고는 치삼의 귀를 잡아치며 취한 이는 부르짖었다. 그리고 술을 붓는 열다섯 살 됨직한 중대가리에게로 달려들며

"이놈, 오라질놈, 왜 술을 붓지 않아."

하고 야단을 쳤다.

글(2) 『술 권하는 사회』

"참, 누가 술을 이처럼 권하였노."

하고 짜증을 낸다.

"누가 권하였노? 누가 권하였노? 흥, 흥."

남편은 그 말이 몹시 귀에 거슬리는 것처럼 곱삶는다.

"그래, 누가 권했는지 마누라가 좀 알아내겠소?"

하고 낄낄 웃는다. 그것은 절망의 가락을 띤, 쓸쓸한 웃음이었다. 아내도 따라 방긋 웃고는 또 옷을 잡으며,

"자아, 옷이나 먼저 벗으셔요. 이야기는 나중에 하지요. 오늘 밤에 잘 주무시면 내일 아침에 일으켜 드리지요."

"무슨 말이야, 무슨 말이야. 왜 오늘 일을 내일로 미루어. 할 말이 있거든 지금 해!"

"지금은 약주가 취하셨으니, 내일 약주가 깨시거든 하지요."

"무엇? 약주가 취해서?"

하고 고개를 쩔레쩔레 흔들며,

"천만에, 누가 술이 취했단 말이요. 내가 공연히 이러지, 정신은 말뚱말뚱 하오. 꼭 이야기하기 좋을 만해. 무슨 말이든지……. 자아."

"글쎄, 왜 못 잡수시는 약주를 잡수셔요. 그러면 몸에 축이 나지 않아요."

하고 아내는 남편의 이마에 흐르는 진땀을 씻는다.

글(3) 『광염 소나타』

그는 야인(野人)이었습니다. 광포스런 야성은 때때로 비위에 틀리면 선생을 두들기기가 예사이며 우리 학교 근처의 술집이며 모든 상점 주인들은 그에게 매깨나 안 얻어맞은 사람이 없었습니다. 그러한 야성은 그의 음악 속에 풍부히 잠겨 있어서 오히려 그 야성적 힘이 그의 예술을 더 빛나게 하는 것이었습니다.

그러나 그가 학교를 졸업하고 난 뒤에는 그 야성은 다른 곳으로 발전되고 말았습니다. 술! 술! 무서운 술이었습니다. 아침부터 저녁까지, 저녁부터 아침까지, 술잔이 그의 입에서 떠나지 않았습니다. 그리고 술을 먹고는 여편네들에게 행패를 하고, 경찰서에 구류를 당하고, 나와서는 또 같은 일을 하고……

작품? 작품이 다 무엇이외까. 술을 먹은 뒤에 취흥에 겨워 때때로 피아노에 앉아서 즉흥으로 탄주를 하고 하였는데 지금 생각하면 그 귀기(鬼氣)가 사람을 엄습하는 힘과 야성(베토벤 이래로 근대 음악가에서 발견할 수 없던) 그런 보물이라 하여도 좋을 것이 많았지만 우리들은 각각 제 길 닦기에 바쁜 사람이라 주정꾼의 즉흥악을 일일이 베껴 둔다든가 그런 일은 꿈에도 생각하지 않았습니다.

우리들은 그의 장래를 생각하여 때때로 술을 삼가기를 권고하였지만 그런 야인에게 친구의 권고가 무슨 소용이 있겠습니까.

"술? 술은 음악이다!"하고는 하하하하 웃어 버리고 다시 술집으로 달아나고 합니다.

글 (1), (2), (3)의 공통점을 찾기는 너무나 쉽다. 모두 술에 관한 이야기를 한다. 그런데 술에 관한 이야기를 하지만 조금씩 다르다. 다른 점을 찾아내는 건 공통점을 찾아내는 것보다 조금 더 어려운 독해다. 무엇이 다를까?

『운수 좋은 날』의 주인공은 가난한 사람이다. 가난하게 지내다 모처럼 돈을 벌어서 기쁜 마음에 술을 마신다. 『술 권하는 사회』의 주인공은 지식인으로 늘 술에 절어서 산다. 사회에 대한 불만을 술로 푸는 사람이다. 『광염 소나타』의 주인공이 마시는 술은 예술을 표현하기 위한 수단이다. 술을 마신 뒤 미친듯이 작곡을 한다.

모두 같은 술을 다루고 있지만 가난한 사람의 술, 지식인의 술, 예술가의 술은 겉은 비슷해도 전혀 다른 모습이다. 이 다른 점을 느끼고 찾아내는 게 연결해서 생각하는 독해의 핵심이다.

* * *

글(4)는 『배따라기』, 글(5)는 『술 권하는 사회』, 글(6)은 『운수 좋은 날』, 글(7)은 『백치 아다다』다. 역시 공통점과 차이점을 찾아보자. 앞에 했던 것을 참고해서 비슷한 방식으로 하면 된다. 다시 강조하지만 자기 머리로 생각하고 고민하는 과정을 거쳐야만 독해력이 길러진다는 점을 명심하자.

글(4) 『배따라기』

"이년!"

그는 힘껏 발을 들어서 아내를 냅다 찼다. 그의 아내는 상 위에 거꾸러졌다가 일어난다.

"이년! 사나이 발을 짓밟는 년이 어디 있어!"

"거 좀 밟아서 발이 부러뎃쉐까?"

아내는 낯이 새빨개져서 울음 섞인 소리로 고함친다.

"이년! 말대답이……"

그는 일어서서 아내의 머리채를 휘어잡았다.

◆ ◆ ◆

글(5) 『술 권하는 사회』

"그래도 못 알아듣네 그려. 참, 사람 기막혀. 본 정신 가지고는 피를 토하고 죽든지, 물에 빠져 죽든지 하지, 하루라도 살 수가 없단 말이야. 흉장(胸腸)이 막혀서 못 산단 말이야. 에엣, 가슴 답답해."

하라고 남편은 소리를 지르고 괴로워서 못 견디는 것처럼 얼굴을 찌푸리며 미친 듯이 제 가슴을 쥐어뜯는다.

"술 아니 먹는다고 흉장이 막혀요?"

남편의 하는 짓은 본체 만체하고 아내는 얼굴을 더욱 붉히며 부르짖었다. 그 말에 몹시 놀랜 것처럼 남편은 어이 없이 아내의 얼굴을 바라보더니 그 다음 순간에는 말할 수 없는 고뇌(苦惱)의 그림자가 그의 눈을 거쳐 간다.

"그르지, 내가 그르지. 너 같은 숙맥(菽麥)더러 그런 말을 하는 내가 그르지. 너한테 조금이라도 위로를 얻으려는 내가 그르지. 후후."

스스로 탄식한다.

"아아 답답해!"

◆ ◆ ◆

글(6) 『운수 좋은 날』

누가 빼앗을 듯이 처박질하더니만 그날 저녁부터 가슴이 땅긴다, 배가 켕긴다 하고 눈을 홉뜨고 지랄을 하였다. 그때 김 첨지는 열화와 같이 성을 내며,

"에이, 오라질년, 조랑복은 할 수가 없어, 못 먹어 병, 먹어서 병, 어쩌란 말이야! 왜 눈을 바루 뜨지 못해!"

하고 앓는 이의 뺨을 한 번 후려갈겼다. 홉뜬 눈은 조금 바루어졌건만 이슬이 맺히었다. 김 첨지의 눈시울도 뜨끈뜨끈하였다. 환자가 그러고도 먹는 데는 물리지 않았다. 사흘 전부터 설렁탕 국물이 마시고 싶다고 남편을 졸랐다.

"이런 오라질 년! 조밥도 못 먹는 년이 설렁탕은. 또 처먹고 지랄병을 하게."

하고 야단을 쳐 보았건만, 못 사주는 마음이 시원치는 않았다.

◆ ◆ ◆

글(7) 『백치 아다다』

조그만 실수가 있어도 눈을 흘겼다. 그리고 매를 내렸다. 이 사실을 아

는 아버지는 그것을 들어오는 복을 차 버리는 짓이라고 타이르나 듣지 않았다. 그리하여 부자간에 충돌이 때로는 일어났다. 이럴 때마다 아버지에게는 감히 하고 싶은 행동을 못하는 아들은 그 분을 아내에게로 돌려 풀기가 일쑤였다.

"이년, 보기 싫다! 네 집으로 가거라."

그리고 다음에 따르는 것은 매였다. 그러나 아다다는 참아 가며 아내로서의, 며느리로서의 임무를 다했다.

글을 읽으면서 느꼈겠지만 모두 여성이 구박받고, 얻어맞는 내용이다. 남자들은 여자들을 함부로 대하며, 여성의 지위가 남성보다 한참 낮다. 남성들은 손찌검을 하거나 막말을 할 정도로 여성을 함부로 대하지만, 여자들은 그런 남성에게 순종하고 복종한다. 남성 상위 사회, 여성 불평등 사회임을 보여준다.

공통점은 찾았다. 이제 공통점 속에서도 다른 점을 찾아보자.

『배따라기』와 『백치 아다다』에서 남성은 여성을 함부로 대하는 걸 넘어 폭력을 휘두른다. 『술 권하는 사회』와 『운수 좋은 날』의 남성은 여성에게 막말을 하고, 노골적으로 깔본다. 『배따라기』와 『백치 아다다』가 육체적인 폭력을 휘두른다면 『술 권하는 사회』와 『운수 좋은 날』은 정신적인 폭력을 휘두른다.

남성의 폭력에 여성들이 순종하고 저항하지 못하지만 『배따라기』에 나오는 여성은 "거 좀 밟아서 발이 부러뎃세까?"하며 약간 저항을 한다. 물론 더 큰 폭력이 돌아오고, 결국 복종하게 되지만 그나마 무조건적인 순종을 하지 않는다는 점에서 다른 여성들과 다르다.

이 글들을 읽어 보면 과거 여성이 얼마나 남성에게 억압당하면서 살았는지 분명하게 드러난다. 요즘의 기준으로 보면 도저히 이해되지 않는 장면들이지만, 남녀평등이라는 개념이 전혀 없던 시대에 남성과 여성 사이에 어떤 일들이 있었는지 정확하게 보여준다.

＊ ＊ ＊

글(8)은『물레방아』, 글(9)는『벙어리 삼룡이』, 글⑩은『동백꽃』이다. 이번엔 차이점을 찾지 말고 공통점을 찾아보자. 마구잡이로 공통점을 찾지 말고, 구체적인 근거를 제시하며 찾아보자. 공통점을 정리할 때는 머리로만 생각하지 말고 글로 정확하게 쓴 뒤에 설명을 읽는 것이 좋다.

글(8)『물레방아』

"엣, 괘씸한 놈!"

눈깔을 부라리었다. 방원은 한참이나 쳐다보고서 말이 없었다. 생각대로 하면 한 주먹에 때려누일 것이지마는 그래도 그의 머릿속에는 아까까지의 상전이라는 관념이 남아 있었다. 번갯불같이 그 관념이 그의 입과 팔을 얽어 놓았다. 어려서부터 오늘날까지 남을 섬겨 보기만 한 그의 마음은 상전이라면 모두 두려워하는 성질을 깊이깊이 뿌리박아 놓았다.

글⑼ 『벙어리 삼룡이』

그가 이 집에서 떠나가려거나 또는 그의 생활 환경에서 벗어나려는 생각은 한 번도 해보지 못하였다 할지라도 그는 언제든지 그 주인 아들이 자기를 학대하고 또는 자기를 못살게 굴 때 그는 자기의 주먹과 또는 자기의 힘을 생각하여보았다. 주인 아들이 자기를 때릴 때 그는 주인 아들 하나쯤은 넉넉히 제지할 힘이 있는 것을 알았다. 어떠한 때는 아픔과 쓰림이 자기의 몸으로 스미어들 때면 그의 주먹은 떨리면서 어린 주인의 몸을 치려하다가는 그것을 무서운 고통과 함께 꽉 참았다.

그는 속으로,

'아니다, 그는 나의 주인의 아들이다. 그는 나의 어린 주인이다.'하고 꾹 참았다.

글⑽ 『동백꽃』

그러잖아도 저희는 마름이고 우리는 그 손에서 배재를 얻어 땅을 부치므로 일상 굽실거린다. 우리가 이 마을에 처음 들어와 집이 없어서 곤란으로 지낼 제 집터를 빌리고 그 위에 집을 또 짓도록 마련해준 것도 점순네의 호의였다. 그리고 우리 어머니 아버지도 농사 때 양식이 딸리면 점순이네 한테 가서 부지런히 꾸어다 먹으면서 인품 그런 집은 다시 없으리라고 침이 마르도록 칭찬하곤 하는 것이다. 그러면서도 열일곱씩이나 된 것들이 수군수군하고 붙어 다니면 동네의 소문이 사납다고 주의를 시켜준 것도 어머니 였다. 왜냐하면 내가 점순이하고 일을 저질렀다가는 점순네가 노할 것이고, 그러면 우리는 땅도 떨어지고 집도 내쫓기고 하지 않으면 안 되는 까닭이 었다.

『물레방아』에서 방원은 자신에게 함부로 하는 주인에게 꼼짝을 하지 못한다. 『벙어리 삼룡이』의 삼룡이도 마찬가지다. 마구잡이로 자신을 대하는 주인 아들에게 저항하고 싶다가도 주인이라는 생각에 꾹 참고 복종한다. 『동백꽃』의 주인공은 마름인 점순네의 은혜를 받고 살기 때문에 점순네 눈치를 보며 산다. 겉으로 보기엔 대등하나 역시 상하 관계다.

이처럼 글(8)~글(10)은 공통적으로 인간과 인간의 관계가 평등하지 않고, 일방적인 상하 관계임을 보여준다. 일방적 상하 관계일 경우 윗사람은 아랫사람에게 함부로 하고, 아랫사람은 분노하면서도 어쩌지 못하고 굴종한다. 굴종하는 사람의 속마음은 분노와 모욕감이 가득하지만, 힘이 약하기 때문에 어쩌지 못한다. 글(8)~글(10)을 읽으면 인간과 인간의 관계가 대등하지 못할 때 굴복당하는 쪽이 얼마나 비굴하고, 비참해지는지 느껴진다.

* * *

글(11)은 『백치 아다다』, 글(12)는 『물레방아』, 글(13)은 『금 따는 콩밭』이다. 글을 읽고 스스로 연결해서 생각해보자.

글(11) 『백치 아다다』

벙어리라는 조건이 귀에 들어맞는 것이 아니었으나, 돈으로 아내를 사지 아니하고는 얻어 볼 수 없는 처지에서 스물여덟 살에 아직 장가를 못 들고 있는 신세로 목구멍조차 치기 어려운 형세이었으므로 아내를 얻게 되기의 여유를 기다리기까지에는 너무도 막연한 앞날이었다. 벙어리이나 일생을 먹여 줄 것까지 가지고 온다는 데 귀가 번쩍 띄어 그 자리를 앗길까 두렵게 혼사를 치렀던 것이니, 그로 의해서 먹고살게 되는 시집에서는 아다다를 아니 위할 수가 없었던 것이다.

그러한 가운데 또한 아다다는 못하는 일이 없이 일 잘하고, 고분고분 말 잘 듣고, 조금도 말썽을 부리는 일이 없었다. 그래서 생활고가 주는 역겨움이 쓸데없이 서로 눈독을 짓게 하여 불쾌한 말만으로 큰 소리가 끊일 새 없이 오고가던 가족은 일시에 봄비를 맞은 동산같이 화락의 웃음에 꽃이 피었다. … (중략) …

그러나 그날은 안타깝게도 다시 못 올 영원한 꿈속에 흘러가고 말았다. 해를 거듭하여 생활의 밑바닥에 깔아 놓았던 한 섬지기라는 거름이 차츰 그들을 여유한 생활로 이끌어, 몇 백 원 돈이 눈앞에 굴게 되니, 까닭 없이 남편 되는 사람은 벙어리로서의 아내가 미워졌다. 조그만 실수가 있어도 눈을 흘겼다. 그리고 매를 내렸다.

◆ ◆ ◆

글⑫ 『물레방아』

그는 비척거리면서 집으로 향하는 길에 거슴츠레하게 풀린 눈을 스르르 내리 감고 혼잣소리로,

"빌어먹을 놈! 나가라면 나가지 무서운가? 제 집 아니면 살 곳이 없는 줄 아는 게로군! 흥, 되지 않게 다 무엇이냐? 돈만 있으면 제일이냐? 이놈, 네가 그러다가는 이 주먹맛을 언제든지 볼라. 그대로 곱게 뒈질 줄 아니?"

하고, 개천 하나를 건너뛴 후에,

"돈! 돈이 무엇이냐?"

한참 생각하다가,

"에후."

한숨을 쉬고 나서,

"돈이 사람을 죽이는구나! 돈! 돈! 흥, 사람 나고 돈 났지, 돈 나고 사람 났니?"

◆ ◆ ◆

글⑬ 『금 따는 콩밭』

시체(時體. 그 시대의 풍습이나 유행)는 금점이 판을 잡았다. 섣부르게 농사만 짓고 있다간 결국 비렁뱅이밖에는 더 못된다. 얼마 안 있으면 산이고 논이고 밭이고 할 것 없이 다 금장이 손에 구멍이 뚫리고 뒤집히고 뒤죽박죽이 될 것이다. 그때는 뭘 파먹고 사나, 자 보아라. 머슴들은 짜기나 한 듯이 일하다 말고 후딱하면 금점으로 내빼지 않는가. 일꾼이 없어서 올핸 농사

를 질 수 없으니 마느니 하고 동리에서는 떠들썩한다.

　　아내는 콩밭에서 금이 날 줄은 아주 뜻밖이었다. 놀라고도 또 기뻤다. 올해는 노상 침만 삼키면 그놈 코다리(명태)를 짜장 먹어 보겠구나만 하여도 속이 메질 듯이 짜릿하였다. 뒷집 양근댁은 금점 덕택에 남편이 사다 준 흰 고무신을 신고 나릿나릿 걷는 것이 무척 부러웠다. 저도 얼른 금이나 펑펑 쏟아지면 흰 고무신도 신고 얼굴에 분도 바르고 하리라.

　　글⑪∼글⑬을 읽고 연결해서 생각하는 건 어렵지 않다. 모두 돈과 부유함을 다룬다. 『백치 아다다』에서 아다다의 시댁 사람들은 처음엔 아다다를 몹시 아꼈다. 그러나 집이 살 만해지자 아다다를 구박한다. 『물레방아』의 방원은 돈 없고 가난해서 결국엔 아내를 빼앗기고 쫓겨나게 될 처지에 몰린다. 『금 따는 콩밭』의 아내는 금을 캐서 부자가 되는 사람을 부러워하다가 자신의 콩밭에서도 금이 나온다는 말에 마음이 들뜬다.

　　『물레방아』의 방원은 돈이 없어서 힘겨운 처지에 놓인다. 반면에 『백치 아다다』의 아다다는 돈 때문에 오히려 불행해진다. 『금 따는 콩밭』의 아내는 돈으로 행복해하는 주위 사람들을 부러워하며 자신도 금을 발견하길 소원한다. 그러나 금은 발견되지 않고 결국 불행으로 빠져든다.

　　『백치 아다다』는 돈이 있어서 불행해지고, 『물레방아』는 돈이 없어서 불행해지며, 『금 따는 콩밭』은 돈을 많이 벌려고 하는 마음 때문에 불행해진다. 이래저래 돈이 불행을 불러온다. 글⑪∼글⑬은 모습은 다르지만 돈으로 인해 불행해지는 사람들의 안타까운 삶을 보여준다.

＊ ＊ ＊

지금까지는 서로 다른 글을 연결해서 생각해보는 연습을 하였다. 이제 한 편의 소설에서 서로 다른 장면이 어떤 식으로 연결되는지 생각해보자. 예시한 글은 『벙어리 삼룡이』다. 글(14)~글(16)을 읽고 글과 글을 연결시켜 생각해보기 바란다. 핵심 연결고리는 벙어리 삼룡이의 '생각'이다.

글(14) 『벙어리 삼룡이』 앞부분

주인 아들이 자기를 학대하고 또는 자기를 못살게 굴 때 그는 자기의 주먹과 또는 자기의 힘을 생각하여보았다. 주인 아들이 자기를 때릴 때 그는 주인 아들 하나쯤은 넉넉히 제지할 힘이 있는 것을 알았다. 어떠한 때는 아픔과 쓰림이 자기의 몸으로 스미어들 때면 그의 주먹은 떨리면서 어린 주인의 몸을 치려하다가는 그것을 무서운 고통과 함께 꽉 참았다.

그는 속으로,

'아니다, 그는 나의 주인의 아들이다. 그는 나의 어린 주인이다.'하고 꾹 참았다.

그러고는 그것을 얼핏 잊어버렸다. 그러다가도 동넷집 아이들과 혹시 장난을 하다가 주인 아들이 울고 들어올 때에는 그는 황소같이 날뛰면서 주인을 위하여 싸웠다.

＊ ＊ ＊

국어 독해력이 밥이다

글⑮ 『벙어리 삼룡이』 중간 부분

울면 요사스럽다고 때린다. 또 말이 없으면 빙충맞다고 친다. 이리하여 그 집에는 평화스러운 날이 하루도 없었다. 이것을 날마다 보는 사람 가운데 알 수 없는 의혹을 품게 된 사람이 하나 있으니 그는 곧 벙어리 삼룡이였다.

그렇게 예쁘고 유순하고 그렇게 얌전한, 벙어리의 눈으로 보아서는 감히 손도 대지 못할 만큼 선녀 같은 색시를 때리는 것은 자기의 생각으로는 도저히 풀 수 없는 의심이었다. 보기에도 황홀하고 건드리기도 황홀할 만큼 숭고한 여자를 그렇게 하대한다는 것은 너무나 세상에 있지 못할 일이다. 자기는 주인 새서방에게 개나 돼지같이 얻어맞는 것이 마땅한 이상으로 마땅하지마는, 선녀와 짐승의 차가 있는 색시와 자기가 똑같이 얻어맞는 것은 너무 무서운 일이다. 어린 주인이 천벌이나 받지 않을까 두렵기까지 하였다.

◆ ◆ ◆

글⑯ 『벙어리 삼룡이』 뒷부분

"이놈을 좀 내쫓아라."

벙어리가 죽은 개 모양으로 끌려 나갔다. 그리고 대갈빼기를 개천 구석에 들이박히면서 나가 곤드라졌다가 일어서서 다시 들어오려 할 때에는 벌써 문이 닫혀 있었다. 그는 문을 두드렸다. 그의 마음으로는 주인 영감을 찾았으나 부를 수가 없었다. 그가 날마다 열고 날마다 닫던 문이 자기가 지금은 열려 하나 자기를 내어 쫓고 열리지를 않는다. 자기가 건사하고 자기가 거두던 모든 것이 오늘에는 자기의 말을 듣지 않는다. 어려서부터 지금까지 모든 정성과 힘과 뜻을 다하여 충성스럽게 일한 값이 오늘에는 이것이다.

그는 비로소 믿고 바라던 모든 것이 자기의 원수란 것을 알았다. 그는 모든 것을 없애 버리고 자기도 없어지는 것이 나은 것을 알았다.

한 사람의 생각은 사건이 전개되면서 변한다. 물론 처음부터 끝까지 생각의 변화가 없는 경우도 있다. 벙어리 삼룡이에서 주인공의 생각은 사건이 전개되면서 조금씩 변해간다.

글⑭에서 삼룡이는 매우 순종적이다. 망나니처럼 자신을 괴롭히는 주인의 아들에게 화가 나지만 꾹 참는다. 자신은 하인이기 때문에 꾹 참는 게 당연하다고 여긴다.

글⑮는 삼룡이의 생각이 변하는 과정임을 보여준다. 주인 아들이 자신을 때리는 건 이해하지만, 어여쁜 아씨를 때리는 건 도저히 이해하지 못한다. 주인 아들이 잘못하고 있다고 분명히 느낀다. 아씨에 대한 안타까움이 주인 아들에 대한 반항과 분노로 변해갈 가능성이 엿보인다.

글⑯에서 삼룡이는 자신을 내쫓는 주인 아들을 향해 분노를 터트린다. 주인 아들은 자신이 무조건 믿고 따라야 할 존재가 아니라 자신을 한 없이 괴롭히고, 아씨도 못 살게 구는 원수라는 걸 깨닫는다.

'무조건 복종 → 의심 → 분노 폭발'의 과정을 거쳐 생각이 변화한다. 아씨가 없었다면 삼룡이의 생각은 전혀 변하지 않았을 것이다. 어여쁜 아씨가 아무 이유 없이 구박받는 걸 지켜보면서 삼룡이는 점차 순종적인 생각에서 벗어난다. 이처럼 생각이 변하는 데는 다 이유가 있다.

사람을 이해해야 소설을 이해한다

사람의 생각은 무조건 변하지 않는다. 어떤 사건을 겪거나, 말을 듣거나, 고민을 하다가 변한다. 소설 속 인물도 마찬가지다. 소설 속 사람을 이해하면 소설의 대부분을 이해한 것이다. 사람을 이해할 줄 모르는 사람은 글을 읽고 독해를 잘하지 못한다. 사람을 이해해야 소설을 이해한다.

사람을 이해한다는 건 한 사람의 성격이나 특징을 이해하는 것이기도 하지만, 핵심적으로는 사람과 사람의 관계를 이해하는 것이다. 사람은 관계 속에서만 사람으로 살아가기 때문이다. 사회 속에서 살아가는 사람은 늘 관계를 맺으며, 관계 속에서 자기 존재의 특징과 의미를 찾는다.

글과 글의 관계를 이해하는 힘을 기르기 위해서는 사람과 사람의 관계를 이해하는 힘이 뒷받침되어야 한다. 그러나 안타깝게도 학교에서 가르치는 국어는 그저 글을 읽고 문제 푸는 것이 전부라고 여긴다. 글을 통해 사람을 가르치고, 관계를 가르치는 것이 국어 교육의 본래 목적이다.

09 내 생각과 연결하기

『사랑손님과 어머니』(주요섭)을 읽고 한 학생에게 '어머니'의 성격을 분석하라고 했더니 이렇게 발표했다.

"어머니는 사랑방 손님의 요청을 거절할 정도로 냉정합니다."

발표를 듣던 다른 학생이 곧바로 질문을 던졌다.

"어머니 성격을 냉정하다고 봐야 할까요? 제 생각엔 아닙니다."

"사랑한다고 고백했는데 거절한 게 냉정한 거 아닌가요?"

"책을 보면 어머니가 거절한 이유는 옥희 때문이었습니다. 그러니 어머니 성격이 냉정한 성격이 아닙니다."

"그런가? ……"

옆에서 가만히 듣던 학생도 끼어들었다.

"제가 보기에도 냉정한 성격 같지는 않습니다."

학생들은 책을 보기도 하고, 토론도 벌이면서 어머니의 성격을 분석했다.

토론의 힘

토론을 하는 과정에서 학생들은 스스로 『사랑손님과 어머니』에서 중심이 되는 갈등이 '사랑손님을 사랑하는 어머니의 마음과 혹시 재혼하면 옥희가 받게 될 비난을 염려하는 마음 사이의 갈등'이라고 찾아냈다. 중심 갈등을 찾아내자 어머니의 성격에 대한 분석은 쉽게 이루어졌다.

"어머니는 사회의 시선을 의식해 주변 눈치를 많이 보는 연약한 사람, 자기 자신보다 옥희를 더 생각하는 희생적인 사람입니다."

함께 토론하면서 학생들이 스스로 내린 멋진 결론이었다. 선생님이 그냥 가르쳐줄 수도 있었지만, 학생들이 스스로 토론을 하고, 책을 읽어 가면서 열띠게 이야기를 나눈 끝에 내린 결론이라 더욱 값졌다.

국어는 암기 과목이 아니다. 국어는 글을 스스로 이해하는 힘을 기르는 공부다. 이해는 자기 시선으로, 자기 머리로 받아들인다는 뜻이다. 현재의 학교 국어 교육은 대부분 자기 식으로 생각하고, 이해하는 과정을 거치지 않고 무조건 받아들이고, 그저 암기하게만 한다. 그건 국어 교육이 아니다.

국어야말로 토론이 가장 필요한 과목이다. 토론을 하다 보면 글의 주제를 이해하고, 글의 성격을 이해하며, 사건이 왜 그렇게 될 수밖에 없었는지 자연스럽게 받아들인다. 토론을 하다 보면 자신이 읽었던 글을 세세히 기억

해야 하고, 토론 주제에 맞게 해석하고 고민해야 한다. 그 과정에서 글을 새롭고, 깊게 이해하는 힘이 길러진다.

글을 읽은 뒤에는 그냥 그대로 받아들이지 말고 의문을 던져야 한다. 참고서에 나온 해설, 선생님이 가르쳐 주신 지식이 과연 내가 생각하기에도 맞는지 고민해봐야 한다. 의문을 던지고, 내 생각과 연결해서 고민을 하다 보면 자연스럽게 글을 이해하고, 독해력도 자연스럽게 는다. 물론 자기 머리로 생각하다 보면 독해력뿐만 아니라 비판력, 종합력, 논리력, 추론력, 발표력 등과 같은 다양한 능력도 함께 향상된다.

질문과 토론으로 독해력 기르기 연습

질문하기는 생각하기이고, 생각하면 독해력이 는다. 질문과 토론은 독해를 깊이 있게 하기 위한 도구다. 질문과 토론을 통해 작가의 의도, 글의 주제를 더 정확히 파악하게 된다. 이제 학생들이 소설을 읽고 벌인 실제 토론을 살펴보면서 토론이 독해력을 기르는 데 얼마나 큰 힘이 되는지 살펴보겠다.

토론이 어려운 여건인 경우 스스로 질문을 던지고, 혼자 답을 해보아도 좋다. 자신이 질문하고 답을 한 내용을 선생님이나 다른 학생들에게 보여주고 의견을 구하면 자연스럽게 토론과 같은 효과가 난다.

"죄를 벌해야지요. 죄악이 성하는 것을 그냥 볼 수는 없습니다."

K씨는 머리를 끄덕였다.

"그렇겠습니다. 그러나 우리 예술가의 견지로는 또 이렇게 볼 수도 있습니다. 베토벤 이후로는 음악이라 하는 것이 차차 힘이 빠져 가서 꽃이나 계집이나 찬미할 줄 알고 연애나 칭송할 줄 알아서 선이 굵은 것은 볼 수가 없이 되었습니다. 게다가 엄정한 작곡법이 있어서 그것은 마치 수학의 방정식과 같이 작곡에 대한 온갖 자유스런 경지를 제한해 놓았으니깐 이후에 생겨나는 음악은 새로운 길을 개척하기 전에는 한 기술이 될 것이지 예술이 될 수는 없습니다. 예술가에게는 이것이 쓸쓸해요. 힘 있는 예술, 선이 굵은 예술, 야성으로 충일된 예술…… 우리는 이것을 기다린 지 오래됐습니다. 그럴 때에, 백성수가 나타났습니다. 사실 말이지 백성수의 그새의 예술은 그 하나하나가 모두 우리의 문화를 영구히 빛낼 보물입니다. 우리의 문화의 기념탑입니다. 방화? 살인? 변변치 않은 집, 변변치 않은 사람에게 그의 예술의 하나가 산출되는 데 희생하라면 결코 아깝지 않습니다. 천 년에 한 번, 만 년에 한 번 날지 못 날지 모르는 큰 천재를, 몇 개의 변변치 않은 범죄를 구실로 이 세상에서 없이하여 버린다 하는 것은 더 큰 죄악이 아닐까요? 적어도 우리 예술가에게는 그렇게 생각됩니다."

K씨는 마주앉은 노인에게서 편지를 받아 서랍에 집어넣었다. 새빨간 저녁 해에 비치어서 그의 늙은 눈에는 눈물이 반득였다.

－『광염 소나타』

『광염 소나타』는 평범한 수준인 학생들이 읽고 이해하기가 쉽지 않다. 백성수라는 인물을 이해하기도 어렵고, 예술을 위해 살인, 방화를 저지르는 백성수를 감싸는 K의 예술관을 이해하기도 어렵다. 『광염 소나타』와 같은 수준의 소설을 읽고 학생들이 보이는 반응은 대체로 "재미없어요", "어려워요"다. 그런데 토론을 하면 달라진다.

『광염 소나타』를 소개한 책에는 다음과 같은 질문과 해설이 따라 붙는다.

질문 K의 예술관은 어떤 문제섬이 있는지 쓰시오.

해설 K는 백성수가 예술을 위해 살인, 방화와 같은 범죄를 저지르는 것을 정당하게 여긴다. K는 백성수가 작곡한 곡은 수천 년에 한 번 만나보기 어려운 예술 작품이요, 우리 시대의 소중한 예술이므로 백성수의 범죄는 사소하다고 본다. K의 예술관은 사회적으로 받아들이기 힘든 주장이므로 인정될 수 없다. 예술은 삶을 위해 존재하는 것이기 때문에 예술을 위해 삶 그 자체를 희생하고 범죄를 저지르는 행위는 인정될 수 없다.

보통의 경우라면 그냥 해설서(또는 선생님)가 알려준 해답을 그대로 받아들이고 넘어간다. 자기가 생각해봐도 꼭 틀리지 않은 듯하다. 그러나 여기에 의문을 제기하고 토론을 하다 보면 전혀 다른 이해의 수준이 펼쳐진다.

질문을 살짝 바꿔서 이렇게 던져보자.

질문 백성수가 범죄까지 저지르며 온 인생을 예술에 거는 행동을 어떻게 보는가?

질문의 본질은 같다. 그러나 질문이 살짝 바뀌니 해설서와 다르게 생각할 여지가 생긴다. 이 질문으로 학생들이 토론을 벌였다. 다음은 실제 학생들이 토론을 벌인 토론이다.

학생 1   내가 보기에 백성수는 완전히 미쳤어.

학생 2   예술 때문에 살인, 방화를 하다니, 아무리 음악이 좋아도 그건 범죄일 뿐이야.

학생 3   백성수는 자기 재능을 전혀 펼치지 못했어. 그러다 우연한 기회에 K의 인정을 받고, 자신을 알아봐주고 보살펴주는 K에게 감사하다는 생각을 해. 그런 경험을 한 뒤에 분명히 백성수는 K의 은혜에 보답하겠다는 생각을 했을 거야. 난 백성수가 조금 더 좋은 음악을 만들어 인정을 받고, 은혜를 갚고자 했을 거라고 봐. 충분히 이해가 가.

학생 2   얘기를 듣고 보니 그런 면도 있네. 고흐인가? 그림 그리다가 자기 귀를 자른 사람도 있잖아. 예술가들은 조금 독특하긴 해.

학생 1   고흐는 자기를 괴롭혔지만, 백성수는 남에게 피해를 줬잖아. 그건 그냥 범죄일 뿐이야. 해설서에 나와 있듯이, 삶을 위해 예술을 해야지, 예술을 위해 삶을 살면 안 되지.

학생 3   예술을 위해 사는 사람도 있어. 그런 사람에게는 예술이 없는 삶은 삶이 아니야.

학생 1   예술을 위해 삶을 바친다니, 진짜 이상하지 않아?

학생 2   그만큼 절박한 심정 아닐까? 고흐처럼.

학생 1   삶이 없으면 예술도 없어. 자기 삶을 다 버려 가면서까지 예술을 하는 건 진짜 아니지. 그건 삶을 망가뜨리는 거야.

학생 2   그러네. 예술을 위해 삶을 다 걸어 버리는 건 도박이나 마찬가지네.

학생 1   그 표현 좋다. 도박! 도박은 나빠.

학생 3   인생을 예술에 거는 게 어떻게 도박이야? 그만큼 절박하게 원하니까 하는 거지. 도박은 말 그대로 돈 때문에, 중독에 걸려서 하는 거고.

학생 1   도박하면 인생 망가지잖아. 예술에 인생 걸어서 집 날리고, 몸 망가지고, 범죄 저지르면 그게 도박이랑 뭐가 달라.

학생 3   예술은 행복을 줘. 하지만 도박은 아무리 돈을 따도 불행하기만 해. 그게 다르지.

학생 2   백성수는 불을 지르고, 살인도 했어. 그건 불행이야.

학생 3   아, 물론 백성수는 조금 심해. 그렇지만 예술가들이 자기 인생을 걸고 예술에 빠져드는 거는 충분히 이해해줘야 한다고 봐.

토론을 거치면서 학생들은 『광염 소나타』를 더 깊이 이해하게 되었고, 재미없다는 소리가 쏙 들어갔다. 무엇보다 K의 예술관에 동의하지는 않았지만 백성수라는 인물이 그럴 수밖에 없었다는 점, 광기를 타고난 인물이 겪는 아픔에 공감하기도 했다. 이게 바로 질문을 던지고, 고민하고, 토론하는 교육이 지닌 힘이다. 물론 여럿이 토론하면 좋지만, 혼자서도 질문을 던지고 의문을 풀어보는 건 충분히 가능하며, 토론보다는 못하지만 그냥 암기하고 넘어가는 것에 비해 훨씬 큰 효과를 발휘한다.

그는 열다섯 살 나는 해에 동네 홀아비에게 팔십 원에 팔려서 시집이라는 것을 갔다. 그의 새 서방(영감이라는 편이 적당할까)이라는 사람은 그보다 이십 년이나 위로서, 원래 아버지의 시대에는 상당한 농민으로 밭도 몇 마지기가 있었으나 그의 대로 내려오면서는 하나 둘 줄기 시작하여서 마지막에 복녀를 판 팔십 원이 그의 마지막 재산이었다. … (중략) …

　그러나 대엿새하는 동안에 그는 이상한 현상을 하나 발견하였다. 그것은 다른 것이 아니라 젊은 여인부 한 여남은 사람은 언제든 송충이는 안 잡고 아래서 지절거리며 웃고 날뛰기만 하고 있는 것이었다. 뿐만 아니라 그 놀고 있는 인부의 품삯은 일하는 사람의 삯전보다 팔 전이나 더 많이 내어 주는 것이다. 감독은 한 사람뿐이었는데, 감독도 그들이 놀고 있는 것을 묵인할 뿐만 아니라 때때로 자기까지 섞여서 놀고 있었다. 어떤 날 송충이를 잡다가 점심 때가 되어서 나무에서 내려와서 점심을 먹고 다시 올라가려 할 때에 감독이 그를 찾았다. … (중략) …

　감독은 저편으로 갔다. 복녀는 머리를 숙이고 따라갔다.

　"복네 좋겠구나."

　뒤에서 이런 소리가 들렸다. 복녀의 숙인 얼굴은 더욱 빨갛게 되었다. 그 날부터 복녀도 '일 안하고 품삯 많이 받는 인부'의 한 사람으로 되었다. 복녀의 도덕관 내지 인생관은 그때부터 변하였다.

－「감자」

복녀는 가난하지만 정직한 농민의 딸이었다. 다른 집 처녀들과 비슷하기는 했으나 마음 속에 도덕을 지켜야 한다는 양심의 소리가 있었다. 복녀의 운명이 바뀐 건 가난한 홀아비에게 팔려 가면서였다. 너무나 가난하게 살다 보니 복녀는 돈을 위해 타락하게 되고, 범죄를 저지르고, 비도덕적인 행동을 아무렇지 않게 하는 사람이 되었다.

질문　　복녀는 왜 타락하였는가?

해설　　복녀는 가난 때문에 품삯을 많이 받기 위해 감독과 놀아났고, 감자를 훔치다 왕서방에게 몸을 팔았다. 가난이 복녀가 타락한 근본 원인이며, 감자는 복녀가 가난 때문에 타락했다는 점을 상징적으로 보여준다.

참고서나 책에 실린 질문과 해설은 이와 같다. 그런데 복녀의 타락은 그저 가난 때문이었을까? 복녀 자신에게는 아무런 문제가 없었을까?

학생 1　　가난 때문에 시작했지만, 지나치게 돈에 빠져든 건 정말 문제야.

학생 2　　적당히 해야 했는데, 조금 심했어.

학생 3　　복녀가 그런 행동을 했던 건 가난하고 무기력했던 남편 때문이야. 복녀가 아니라 남편에게 더 큰 책임이 있어.

학생 2　　복녀가 타락한 이유가 남편 때문이라고 보기는 어려워. 돈을 벌 방법은 많은데 굳이 그런 방법을 선택한 건 복녀니까.

학생 3　　돈을 벌 곳이 없으니까 어쩔 수 없이 그런 방법을 선택한 거야.

학생 1　　그러니까 가난이 출발이었어. 하지만 나중에 너무 돈에 빠져들면서 타락하는 건 순전히 복녀 탓이야.

학생 3 　남편이 더 문제라니까. 복녀는 그럴 수밖에 없었어.

학생 2 　그럴 수밖에 없다 해도, 그리 하지 않은 사람도 있어.

학생 3 　내가 보기엔 타락이 아니라 희생이라고 봐. 남편은 돈을 벌어 오지 못하고, 남편을 먹여 살려야 하는 상황에서 복녀는 어쩔 수 없이 그리 하게 된 거지. 먹고 살기 위해 한 어쩔 수 없는 선택. 남편이 진짜 문제야.

학생 1 　그게 어떻게 희생이냐?

학생 2 　다른 선택도 충분히 가능했어.

학생 3 　남편을 버리고 도망갈 수도 있었는데, 그러지 않은 건 복녀에게 최소한 도덕심이 살아 있었기 때문이 아닐까? 남편을 위하는 마음, 남편을 보살펴야 한다는 도덕적 마음이 분명 있었을 거야.

학생 2 　남편이 아니라, 돈 때문이었겠지. 왕서방이 건네는 돈에 넘어간 걸 거야.

학생 3 　물론 돈 때문이기도 하지. 그렇지만 남편을 위하는 마음이 전혀 없다고 볼 수 있을까? 최소한 남편과 함께 살려고 하는 마음은 인정해야지. 그것마저 저버리지는 않았어.

학생 1 　돈을 벌려고 했던 게 과연 남편을 위한 거였을까? 내가 보기엔 자기 자신이 조금이라도 편하고 배불리 사는 게 좋아서가 아닐까?

학생 3 　아무튼 가난한 삶과 무능한 남편이 복녀를 그리 만들었으니, 비난의 화살을 복녀에게 돌리는 건 옳지 않아.

학생 2 　상황만을 탓하는 건 핑계야. 복녀는 돈 욕심이 분명히 있었으니까 남편과 가난의 탓도 있지만 궁극적으로는 타락의 책임은 복녀 자신에게 물어야 해.

토론을 하면 사람을 이해하는 힘이 깊어진다. 단순하게 접근하지 않고 복합적으로 이해한다. 결론은 같을지라도 머리에 남는 건 훨씬 많다. 토론의 마지막 결론을 보자. 이 토론을 한 학생들은 평범했다. 그런 학생들이 토론을 통해 이런 결론을 내렸다는 사실이 정말 놀랍지 않은가?

결론

의견 1　　가난한 삶과 무능한 남편이 복녀를 타락하게 했으니, 비난의 화살을 복녀에게 돌리는 건 옳지 않다.

의견 2　　상황만을 탓하는 건 핑계다. 복녀는 돈 욕심이 분명히 있었으니까 남편과 가난의 탓도 있지만 궁극적으로는 타락의 책임은 복녀 자신에게 있다.

해설서를 보고 '복녀의 타락은 가난 때문이며, 감자는 타락의 상징이다' 하고 단순히 암기하고 넘어간 학생과 이런 토론을 한 학생은 인식의 깊이가 전혀 다르다. 단순히 암기만 하고 넘어간 학생은 『감자』라는 소설은 이해할지 모르지만, 새로운 소설을 만나면 자신의 힘으로 이해하지 못한다. 암기만 한 학생은 새로운 글이 나오면 또 다시 해설서의 도움을 받아야 한다. 반면에 스스로 질문을 던지고, 고민하고, 토론을 해본 학생은 새로운 글을 자기 자신만의 힘으로 이해할 수 있다. 사람을 이해할 줄 알고, 상황을 고려할 줄 아는 힘이 토론을 통해 자연스럽게 길러지기 때문이다.

국어 독해력이 밥이다

이 B여사가 질겁을 하다시피 싫어하고 미워하는 것은 소위 러브 레터였다. 여학교 기숙사라면 으레 그런 편지가 많이 오는 것이지만 학교로도 유명하고 또 아름다운 여학생이 많은 탓인지 모르되 하루에도 몇 장씩 죽느니 사느니 하는 사랑 타령이 날아들어 왔었다. 기숙생에게 오는 사신을 일일이 검토하는 터이니까 그 따위 편지도 물론 B여사의 손에 떨어진다. 달짝지근한 사연을 보는 족족 그는 더할 수 없이 흥분되어서 얼굴이 붉으락푸르락, 편지 든 손이 발발 떨리도록 성을 낸다.

… (중략) …

셋째 처녀는 대담스럽게 그 방문을 빠끔히 열었다. 그 틈으로 여섯 눈이 방안을 향해 쏘았다. 이 어쩐 기괴한 광경이냐! 전등불은 아직 끄지 않았는데 침대 위에는 기숙생에게 온 소위 러브레터의 봉투가 너저분하게 흩어졌고 그 알맹이도 여기 저기 두서없이 펼쳐진 가운데 B사감 혼자…… 아무도 없이 제 혼자 일어나 앉았다. 누구를 끌어당길 듯이 두 팔을 벌리고 안경을 벗은 근시안으로 잔뜩 한 곳을 노리며 그 굴비쪽 같은 얼굴에 말할 수 없이 애원하는 표정을 짓고는 키스를 기다리는 것같이 입을 쫑긋이 내어민 채 사내의 목청을 내어가면서 아깟 말을 중얼거린다. 그러다가 그 넋두리가 끝날 겨를도 없이 급작스리 앵 돌아서는 시늉을 내며 누구를 뿌리치는 듯이 연해 손짓을 하며 이번에는 톡톡 쏘는 계집의 음성을 지어, "난 싫어요, 당신 같은 사내는 난 싫어요." 하다가 제물에 자지러지게 웃는다.

— 「B사감과 러브레터」

『B사감과 러브레터』에서 B사감은 학생들 앞에서는 연애편지만 발견하면 매섭게 야단치는 못된 사감이지만, 밤에는 혼자 연애편지를 읽으며 사랑을 꿈꾸는 이중적인 인간이다. B사감의 이중성을 어떻게 볼지 이해하면 『B사감과 러브레터』는 모두 이해한 셈이다. 그런데 대다수 학생들은 B사감의 이중성을 깊이 생각하지 않고 그저 해설서에 나온 설명만 읽고 그러려니 하고 만다. 인간의 이중성이란 단순하게 받아들일 문제가 아니며, 정말 깊이 있게 고민해야 할 주제다. 그러나 학생들은 해설서만 보고 너무나 쉽게 인간의 이중성을 '암기'하고, B사감의 이중성을 불쌍하게 바라보는 여학생의 태도를 인간적이라고 '암기'한다.

몇 번 강조했지만 독해란 인간을 이해하는 것이다. 글은 인간을 다루고 있기 때문에 글을 이해하기 위해서는 인간을 이해할 줄 알아야 한다. 암기로 '인간의 이중성'을 이해할 수는 없으며, '인간적인 태도'도 암기로 받아들일 수는 없다.

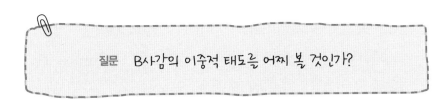

질문 B사감의 이중적 태도를 어찌 볼 것인가?

학생 1   B사감은 완전 이상한 사람이야.

학생 3   B사감이 오크잖아(못생겼다는 뜻. 모두 웃음). 질투하는 거야. 학생들이 연애편지 돌리고 하니까 질투심이 크지. 얼마나 부러웠어. 연애를 한 번도 해보지 못했으니 혼자 있을 때는 외로울 테고. 내가 오크라면 당연히 그렇게 행동하지.

학생 2　하하! 오크라니 내참. 물론 그런 면이 있기는 한데, 조금 심하기는 해.

학생 3　내가 보기엔 B사감의 행동은 당연해 보여. 이해가 되고, 그럴 만하다고 봐.

학생 1　B사감은 남자가 면회를 오기만 해도 막았어. 그게 가족이라고 해도 말이야.

학생 2　조금 과잉이지. 보통 사람이 납득하기에는 너무 이상한 행동이야.

학생 3　순전히 못생겼다는 이유만으로 고통을 당해 봤다면, 남자들이 싫어지고, 복수심도 들고, 안타까움도 들지 않겠어?

학생 2　못생겼으면 마음씨를 착하게 하고 발전시켜야 하지 않을까?

학생 1　모든 남자가 외모만 보는 건 아니잖아. 못생긴 남자가 좋아할 수도 있고.

학생 3　B사감은 예전에 분명히 못생겨서 상처받은 경험을 했을 거야. 그러니 자신감이 없어지고, 결국 이런 이상한 성격이 된 거지. 불쌍해.

학생 2　상처를 받았다고 모든 사람이 그렇게 변하는 건 아니야. 마음씨를 가꾸려고 했다면 결과는 달랐을 거야.

학생 1　한밤중 쌩쇼는 어찌 봐?

학생 3　외로움을 달래는 거지.

학생 2　외로움도 참 희한하게 달랜다. 아무튼 외로울수록 남에게 잘해 줘야지.

학생 3　사람들에게서 피해를 받았어. 얼마나 힘들겠어. B사감은 피해자야.

학생 1　사감이 돼서 실컷 괴롭히고 있는데 피해자는 무슨 피해자? 분명 B사감은 다른 사람에게 못되게 굴어서 못생긴 얼굴이 더욱 흉측해졌을 거야? 그러니 B사감의 성격이야 말로, B사감을 망친 주범이야.

학생 3 책을 봐. 여기 보면 굉장히 못생겼다고 나오잖아. 타고난 외모 때문에 힘들게 사는 사람에게 성격 탓을 하는 건 가혹하지.

물론 토론을 한 내용이 해설서의 내용과 크게 다르지는 않다. 인간의 이중성에 대한 인식이 해설서보다 토론이 더 깊은 것도 아니다. 그러나 토론을 하면 온전히 자기 것이 된다. 토론을 하면 사람을 이해하는 힘이 달라진다. 토론을 하지 않더라도 자기의 경험과 연결시켜 생각해보기만 해도 인간의 이중성에 대한 이해가 깊어진다. 내면 깊이 받아들여야 진짜 자기 것이다.

"이놈을 좀 내쫓아라."

벙어리가 죽은 개 모양으로 끌려 나갔다. 그리고 대갈빼기를 개천 구석에 들이박히면서 나가 곤드라졌다가 일어서서 다시 들어오려 할 때에는 벌써 문이 닫혀 있었다. 그는 문을 두드렸다. 그의 마음으로는 주인 영감을 찾았으나 부를 수가 없었다. 그가 날마다 열고 날마다 닫던 문이 자기가 지금은 열려 하나 자기를 내어쫓고 열리지를 않는다. 자기가 건사하고 자기가 거두던 모든 것이 오늘에는 자기의 말을 듣지 않는다. 어려서부터 지금까지 모든 정성과 힘과 뜻을 다하여 충성스럽게 일한 값이 오늘에는 이것이다.

그는 비로소 믿고 바라던 모든 것이 자기의 원수란 것을 알았다. 그는 모든 것을 없애 버리고 자기도 없어지는 것이 나은 것을 알았다.

그날 저녁 밤은 깊었는데 멀리서 닭이 우는 소리와 함께 개 짖는 소리만이 들린다. 난데없는 화염이 벙어리 있던 오생원 집을 에워쌌다. 그 불을 미리 놓으려고 준비하여 놓았는지 집 가장자리 쪽 돌아가며 흩어 놓은 풀에 모조리 돌라붙어 공중에서 내려다보면 집의 윤곽이 선명하게 보일 듯이 타오른다.

불은 마치 피 묻은 살을 맛있게 잘라 먹는 요마(妖魔)의 혓바닥처럼 날름날름 집 한 채를 삽시간에 먹어 버리었다. 이와 같은 화염 속으로 뛰어 들어가는 사람이 하나 있으니 그는 다른 사람이 아니라 낮에 이 집을 쫓겨난 삼룡이다.

- 『벙어리 삼룡이』

『벙어리 삼룡이』에서 삼룡이는 오랫동안 굴욕을 당하다가 마침내 자기 속에 쌓여 있던 분노를 터트린다. 삼룡이가 마지막에 지른 불은 오랫동안 당했던 굴욕에 대한 분노였고, 마음속으로만 사랑했던 아씨에 대한 사랑의 감정이 폭발하는 것이기도 하다. 여기서 '불'은 굉장히 상징적이다. 불에 담긴 의미를 모두 이해하는 건 학생들 수준에서는 쉽지 않다. 그래서 그냥 불의 의미를 '암기'만 하는 식으로 공부하면 안 된다. 삼룡이가 불을 지른 행위에 대해 질문을 던져보고, 고민을 해봐야 한다.

학생 1　왜 애꿎은 여자한테 필~이 꽂혀서, 화를 참지 못하고, 삼룡이가 불을 지른 건 잘못이지.

학생 2　아무리 화가 났더라도 주인 아들한테만 했어야지.

학생 3　그동안 참아왔던 게 한 번에 확 분출한 거잖아. 그동안 얼마나 화가 났겠어. 그런데도 꾹 참았으니 진짜 분노가 컸을 거야. 그러니 불을 질렀지. 단순히 여자 때문이 아니야.

학생 1　물론 여자 때문만은 아니지만, 전환점은 여자가 맞아.

학생 3　쫓겨난 게 전환점이지. 충성을 다 바쳤는데 때리고 쫓아내니 그동안 억눌렸던 게 터진 거지.

학생 3　아무튼 잘못은 주인 아들인, 그 망나니가 했잖아. 그러니 주인 아들한테만 화를 내야지. 집에 불을 지른 건 지나친 행동이야.

학생 3　몇십 년 동안 당한 게 있잖아. 화가 날 만도 하잖아?

학생 1　주인이 오랫동안 먹여 살려주었는데, 주인한테 완전히 배신이지.

학생 3　벙어리 삼룡이가 일해준 거잖아. 오히려 삼룡이가 일해서 주인을 먹여 살린 셈이야. 따지고 보면 주인한테도 화가 났을 거야. 자기 맞을 때 내버려 뒀잖아.

학생 2　아무리 그래도 집에 불을 지른 건 진짜 아니다. 그건 진짜 욱하는 마음으로 지른 것일 뿐이야.

학생들은 불을 지른 행위 자체를 문제 삼기도 하고, 불에 담긴 상징적인 의미를 어느 정도 짐작하기도 한다. 이게 바로 학생들의 수준이다. '분노를 터트리는 상징이며, 사랑의 감정이 표현되는 상징'으로써 불을 암기해서 시험 문제에 답을 한 학생들이 실제로『벙어리 삼룡이』를 이해한 수준이 이 정도다. 이게 국어 교육의 한계다. 객관식 답을 골랐다고 제대로 이해하는 것이 아님에도 우리나라 학교에서는 시험 문제를 맞으면 안다고 판단하고 넘어가 버린다. 정작 굴욕당한 사람에 대한 이해, 약자로서 억압받는 고통이 무엇인지에 대해서는 전혀 이해하지 못하고 있는데 말이다.

그러니『벙어리 삼룡이』를 읽고 삼룡이가 괴롭힘을 당하고, 불을 지르는 행위에 대해서는 공부해서 알면서도, 정작 생활에서는 약자를 괴롭히면서도 죄의식이 없다. 왕따를 만들어 괴롭히는 행위는 주인 아들이 삼룡이를 괴롭히는 행동과 똑같은데도『벙어리 삼룡이』를 읽고 정답을 골라낸 학생들이 현실에서는 왕따를 시키는 행동을 거리낌 없이 한다. 정말 제대로『벙어리 삼룡이』를 읽고 이해를 했다면 왕따를 시키지 않을 것이며, 왕따를 시키더라도 양심의 가책을 받을 것이다. 교육은 책과 시험지에만 갇히면 안 된다.

"시가 제일 어려워요."

학생들이 늘 하는 말입니다. 시를 읽고 느낌이 오지도 않고 이해가 되지도 않는데 상징, 표현법, 주제, 심상을 문제로 냅니다. 시를 읽으면 자기 느낌이 중요한데 정작 자기 느낌은 없고 그저 선생님이나 참고서가 설명해 주는 정답만 존재합니다. 시는 자신이 느끼는 대로 받아들이면 됩니다. 시를 읽고 울음이 나오면 울고, 분노가 치솟으면 화 내고, 웃음이 나오면 웃으면 그만입니다. 멋진 풍경이 펼쳐지면 아름다움에 감탄하고, 인생의 진리가 담긴 표현이 나오면 자기 삶과 연결해서 생각하며 깊이 고민하면 됩니다. 그걸로 시를 읽는 건 충분합니다.

그런데 시험을 보면서부터 시는 시의 본래 모습을 잃어버리고 오직 시험 점수를 잘 받기 위한 수단이 되고 맙니다. 주제를 외우고, 표현법을 외우고, 특징을 외우고, 상징을 외웁니다. 뭔 말인지도 모르면서 외우고 시험을 봅니다. 자기 느낌은 안 그런데 슬프다고 하니까 슬프다고 정답을 고릅니다. 이렇게 시험을 위한 시 공부를 하다 보니 시를 배우면 배울수록 오히려 시가 재미없고 싫어집니다. 시를 즐기고 재미있게 여기기 위해서 시를 읽고 배우는 것인데, 공부하면 할수록 시가 재미없어지니 우리나라 교육, 정말 어처구니 없습니다.

그러니 학생들에게 시를 제대로 가르치려면 시를 시험 문제에서 빼는 게 좋습니다. 시험을 보지 않으면 시를 있는 그대로 받아들이게 될 것입니다. 정말 가슴에 와 닿는 시가 나오면 가슴 깊이 시를 받아들이게 될 것입니다. 시를 자기 눈으로 보고, 자기 마음으로 받아들일 것입니다. 학교 시험에서 시를 보지 않기, 제대로 된 시를 가르치는 첫 출발입니다.

제대로 된 시를 가르치기 위해서는 학교 시험에서 '시를 시험 문제로 내면 안 된다'는 주장을 하고 있는 글이다. 이 글을 읽고 주제를 암기하고, 근거를 찾아내고, 글의 구성을 분석하면 충분한 공부일까? 그렇지 않다. 제대로 된 공부를 하려면 이 글의 주장을 깊게 생각해보고 토론을 해야 한다. 논술문이란 주장을 담은 글이다. 그 주장이 내 생각과 같을 수도 있고, 다를 수도 있다. 다르다면 왜 다른지, 같다면 왜 같은지 생각해봐야 논술문을 제대로 이해한 것이다.

논술문을 읽고 난 뒤에는 반드시 논술문이 담고 있는 주장과 근거를 검토하고, 나의 시선에서 비판적으로 봐야 한다. 가능하다면 다른 학생들과 토론을 해야 한다. 그렇게 토론하고, 고민하는 과정을 거치면 별도로 분석하고 암기하지 않아도 논술문 전체를 자연스럽게 이해하고, 독해하게 된다.

학생들이 비문학, 그 중에서도 논술문을 굉장히 어려워하는데, 논술문 공부처럼 쉬운 게 없다. 논술문이 다루고 있는 주제를 두고 토론만 해보면 논술문은 자연스럽게 이해가 되고, 독해가 된다. 논술문은 선생님이 분석하고 설명해서 이해하는 것이 아니라 토론을 통해 이해하는 것이다. 너무나 쉬운 논술문 공부법을 두고, 왜 어렵게 강의를 듣고 암기를 하는지 답답한 노릇이다.

국어 독해력이 밥이다

4부

독해력 화룡점정

＿주제와 상징

10 독해의 열쇠, 핵심어

서술형 시험을 볼 때 가장 중요한 채점 기준은 '핵심어(또는 핵심개념)'다. 다양한 표현을 하는 서술형 답변의 특성 때문에 정답이 무엇인지 판정하기가 애매하다. 이때 서술형 답변이 맞았는지, 틀렸는지를 결정하는 기준이 '핵심어'가 있는지의 여부다. 서술형 답변에 핵심어가 들어 있으면 정답이라고 판단하고, '핵심어'가 없으면 오답이라고 판단한다. 물론 세부적인 점수는 문장이나 맞춤법과 같은 것에 영향을 받지만, 기본적인 점수는 '핵심어'가 결정한다(자세한 내용은 『전교 1등을 만드는 서술형 시험 공부법』 참고).

글의 목적은 주제 전달이다. 그리고 주제는 핵심어를 중심으로 전달된다. 따라서 핵심어를 파악하면 주제에 접근할 수 있다. 핵심어를 정확히 파악한다는 건 글을 전체적으로 다 이해한다는 뜻이며, 핵심어를 연결해서 생각해 보면 주제가 드러난다. 독해를 제대로 못하는 학생들은 핵심어가 무엇인지 알지 못한다.

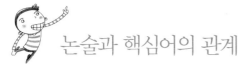

논술과 핵심어의 관계

핵심어가 가장 중요하게 취급되는 시험은 대입 논술이다. 대입 논술에서 가장 흔하게 나오는 문제가 '요약하기'인데, 요약하기 문제를 채점할 때 첫 번째 고려 대상이 요약하면서 핵심어를 놓치지 않았는지의 여부다. 요약하면서 반드시 포함시켜야 할 핵심어를 놓치지 않아야 요약이 틀리지 않았다고 판정한다. 물론 핵심어만이 아니라 자기 식으로 글의 내용을 정리하는 것도 필요하지만, 글의 핵심어를 정확하게 찾아냈다면 요약은 70% 이상 된 거나 마찬가지다.

논술 시험에서 요약하기 문제를 출제하는 것은 독해 능력을 보기 위함이다. 객관식으로 시험을 보는 수능 시험의 특성상 독해력은 5개 문항 중에 골라잡는 수준의 측정밖에 되지 않는다. 스스로 글을 파악하고, 이해하는 수준이 어느 정도에 이르렀는지 측정하는 데 있어 수능 시험은 충분하지 않다. 반면에 핵심어 찾아내기는 5개 문항에서 하나를 고르는 수준과는 견줄 수 없을 정도로 어렵다. 따라서 논술은 핵심을 파악하고, 정리하는 학생의 능력이 어느 정도인지 정확하게 측정한다. 당연히 논술이 수능보다 독해력 측정 수준이 높고 정확하며, 이것이 상위권 대학이 대입 논술 시험을 실시하는 이유다.

핵심어 잡아내기 연습

독해력이 부족한 학생은 핵심어가 무엇인지 파악하는 훈련을 자꾸 해야 한다. 독해력이 떨어지는 학생의 경우 긴 글을 읽고 모든 핵심어를 파악하는 건 어려우므로, 일단 일정한 질문을 던지고 질문에 맞는 핵심어를 찾는 연습을 해야 한다. 질문에 해당하는 핵심어를 찾는 연습을 한 뒤에는 질문 없이 짧은 글을 읽고 핵심어를 파악하는 연습을 해야 한다.

이 두 가지 연습을 반복해서 하다 보면 핵심어를 찾는 눈이 생기고, 연습이 쌓여서 핵심어를 능수능란하게 찾게 되면 글의 주제와 핵심 내용을 자기만의 힘으로 이해하는 수준에 이르게 된다. 이제 구체적인 글을 통해 핵심어를 찾는 방법을 익혀 보자.

참고로 이 글에서 사용하는 핵심어라는 말에는 핵심개념의 뜻이 포함되어 있다. 핵심어는 1~2개의 단어이지만, 핵심개념은 짧은 문장이다. 핵심어든 핵심개념이든 글에서 가장 중요한 뜻을 담고 있다는 점은 동일하다. 이 글에선 설명의 간편함을 위해 핵심어로 통일해서 사용한다.

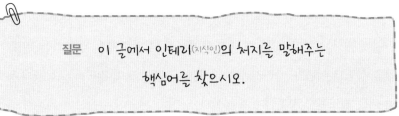

질문 이 글에서 인테리(지식인)의 처지를 말해주는
핵심어를 찾으시오.

신흥 부르조아지는 민주주의의 간판을 이용하여 노동자 농민의 등을 어루만지고 경제적으로 유력한 봉건귀족과 악수를 하는 동시에 지식계급을 대량으로 주문하였다.

'배워라, 글을 배워라……지식만 있으면 누구나 양반이 되고 잘살 수가 있다.'

이러한 정열의 외침이 방방곡곡에서 소스라쳐 일어났다. 신문과 잡지가 붓이 닳도록 향학열을 고취하고 피가 끓는 지사(志士)들이 향촌으로 돌아다니며 세치의 혀를 놀리어 권학(勸學)을 부르짖었다.

'배워라! 배워야 한다. 상놈도 배우면 양반이 된다.'

'가르쳐라! 논밭을 팔고 집을 팔아서라도 가르쳐라.'

… (중략) …

이와 같이 조선의 관민이 일치되어 민중의 지식 정도를 높이는 데 진력을 하였다. 즉 그들 관민이 일치하여 계획한 조선의 문화 정도는 급속도로 높아갔다. 그리하여 민중의 지식 보급에 애쓴 보람은 나타났다. 면서기를 공급하고 순사를 공급하고 간이농업학교 출신의 농사개량 기수(技手)를 공급하였다. 은행원이 생기고 회사원이 생겼다. 학교 교원이 생기고 교회의 목사가 생겼다. 신문기자가 생기고 잡지기자가 생겼다. 민중의 지식 정도가 높았으니 신문 잡지 독자가 부쩍 늘고 의사와 변호사의 벌이가 윤택하여졌다.

… (중략) …

인테리……인테리 중에도 아무런 손끝의 기술이 없이 대학이나 전문학교의 졸업증서 한 장을 또는 조그마한 보통 상식을 가진 직업 없는 인테리……해마다 천여 명씩 늘어가는 인테리……뱀을 본 것은 이들 인테리다.

　　부르죠아지의 모든 기관이 포화상태가 되어 더 수효가 아니 느니 그들은 결국 꾀임을 받아 나무에 올라갔다가 흔들리우는 셈이다. 개밥의 도토리다. 인테리가 아니었으면 차라리……노동자가 되었을 것인데 인테리인지라 그 속에는 들어갔다가도 도로 달아나오는 것이 99프로다. 그 나머지는 모두 어깨가 축 처진 무직 인테리요 무기력한 문화 예비군 속에서 푸른 한숨만 쉬는 초상집의 주인 없는 개들이다. 『레디메이드 인생』이다.

— 『레디메이드 인생』

　　질문에 맞는 핵심어를 찾는 건 어렵지 않다. 작가가 노골적으로 인테리의 처지를 '이것'에 비유하고 있기 때문이다. 능력 없는 인테리(지식인)의 처지를 드러낸 표현은 2개가 나온다. 둘 모두 골라 보자(꼭 스스로 해보자).

　　하나는 '개밥의 도토리'다. 다른 하나는 '초상집의 주인 없는 개'다. 둘 다 개가 들어가는 게 재미있다. 능력 없이 실업자로 사는 인테리의 처지는 초상집의 주인 없는 개요, 개밥의 도토리 신세다.

질문　작가가 진시황을 위대한 인물이라고 보는 근거를 가장 잘 나타낸 핵심어를 찾으시오.

: 국어 독해력이 밥이다 :

유토피아를 생각할 때는 언제든 그 위대한 인격의 소유자며 사람의 위대함을 끝까지 즐긴 진나라 시황을 생각지 않을 수 없다. 우리가 어찌하면 죽지를 아니할까 하여 동남 삼백을 배를 태워 불사약을 얻으러 떠나보내며, 예술의 사치를 다하여 아방궁을 지으며, 매일 신하 몇 천 명과 잔치로써 즐기며, 이리하여 여기 한 유토피아를 세우려던 시황은 몇 만의 역사가가 어떻다고 욕을 하든 그는 참말로 인생의 향락자이며, 역사 이후의 제일 큰 위인이라고 할 수가 있다. 그만한 순전한 용기 있는 사람이 있고야 우리 인류의 역사는 끝이 날지라도 하나의 사람을 가졌었다고 할 수 있다.

— 「배따라기」

대부분의 사람들은 진시황이 백성들을 포악하게 다스린 나쁜 황제라고 여긴다. 반면에 작가는 다른 사람은 다 나쁘게 보는 진시황을 대단한 위인으로 여긴다. 이 글에는 작가가 진시황을 위대한 인물로 여긴 이유가 나와 있으며, 작가의 생각이 집약된 핵심어가 실려 있다. 그 핵심어를 찾으면 된다.

작가는 진시황이 사람의 위대함을 끝까지 즐겼다고 본다. 죽지 않는 불사약을 찾아 사람을 찾아 보냈고, 아방궁을 지어 예술의 사치를 즐겼으며, 아방궁에서 수천 명의 사람과 잔치를 즐겼다. 결국 작가는 진시황이 인생을 진짜로 즐긴 사람이라는 점을 강조한다. 진시황이 인생을 정말로 즐긴 사람임을 나타내는 핵심어는 무엇인가?

바로 '인생의 향락자'다. 진시황이 위대한 위인인 이유는 인생을 제대로 즐겼기 때문이며, 인생을 제대로 즐긴 진시황에 대한 평가가 압축된 말이 바로 '인생의 향락자'다. 한 단어로만 쓴다면 '향락자'가 핵심어다. 작가의 생각에 진시황은 인생의 향락자였기에 위대한 위인이며, 역사가 끝나도 기억해야 할 위인이다.

만약 자신이 찾아낸 핵심어가 설명과 동일하다면 자신이 고른 이유와 설명의 내용이 동일한지 견주어보아야 한다. 만약 틀렸다면 왜 자신이 틀렸는지 반드시 자기 생각을 검토해봐야 한다. 틀린 문제를 검토하며, 틀린 이유를 찾아내는 것이 독해력을 기르는 비결이다.

질문   아다다가 돈을 바라보는 시각을 가장 잘 나타낸
　　　　핵심어를 찾으시오.

아다다는 돈이 있다 해도 실로 그렇게 많은 줄은 몰랐다. 그래서 그 많은 돈으로 밭을 산다는 소리에 지금까지 꿈꾸어 왔던 모든 행복이 여지 없이도 일시에 깨어지는 것만 같았던 것이다. 돈으로 인해서 그렇게 행복할 수 있던 자기의 신세는 남편(전남편)의 마음을 약하게 만듦으로, 그리고 시부모의 눈까지 가리는 것이 되어, 필야엔 쫓겨나지 아니치 못하게 되던 일을 생각하면 돈 소리만 들어도 마음은 좋지 않던 것인데, 이제 한 푼 없는 알몸인 줄 알았던 수룡이에게도 그렇게 많은 돈이 있어, 그것으로 밭을 산다고 기꺼워하는 것을 볼 때, 그 돈의 밑천은 장래 자기에게 행복을 가져다

주리람보다는 몽둥이를 벼리는 데 지나지 못하는 것 같았고, 밭에다 조를 심는다는 것은 불행의 씨를 심는 것만 같았기 때문이다.

— 「백치 아다다」

황금만능주의에 빠지면 안 좋다고 보지만 대부분의 사람은 돈을 크게 나쁘게 보지 않는다. 남이 돈 많은 건 비판을 할지라도, 정작 자기 수중에 돈이 많으면 행복한 기분을 느끼고, 좋다고 여긴다. 그런데 아다다는 돈을 아주 안 좋게 생각한다. 과거 남편과 겪은 경험 때문이다. 과거 남편은 돈이 없을 때는 자신에게 잘해주었지만, 돈이 있을 때는 자신에게 나쁘게 굴었다. 그 경험을 통해 아다다는 돈이란 자신에게 매우 나쁜 것이라고 생각한다.

수롱과 새로운 삶을 시작하려는 아다다가 수롱이 지닌 큰돈을 봤을 때 과거의 경험이 떠오르는 건 자연스럽다. 아다다는 돈을 어떻게 생각하는가?

글을 읽어 보면 앞부분에는 아다다가 돈을 안 좋게 여기는 이유가 나와 있고, 뒷부분에는 그로 인해 앞으로 어떤 일이 벌어질 거라고 생각하는 이유가 나온다. 아마 앞으로 돈이 생기면 그 돈이 행복이기보다 자신에게 몽둥이로 다가오고, 곡식을 심으면 불행의 씨가 될 것이라고 생각한다. 여기에 눈에 띄는 두 단어가 있다. 하나는 '몽둥이', 다른 하나는 '불행의 씨'다. 이 두 단어를 활용해 문장을 만든 뒤 무엇이 적절한지 생각해보자.

아다다는 돈을 '몽둥이'라고 생각한다.
아다다는 돈을 '불행의 씨'라고 생각한다.

어느 것이 더 자연스러운가? '불행의 씨'가 훨씬 자연스럽다. 그러니 정답은 '불행의 씨'다. 지금 이렇게 설명하는 과정이 바로 독해를 잘하는 학생들의 머릿속에서 벌어지는 생각의 과정이다. 물론 이렇게 자세하게 되지도 않고, 느리게 되지도 않는다. 아주 빠른 속도로 이 모든 걸 판단해서 '불행의 씨'를 골라내야 한다. 이 사고 과정을 익히는 게 독해력을 기르는 길이다. 그러니 자꾸 생각하고, 틀리면 고민하라고 하는 것이다.

* * *

이제 질문 없이 핵심어를 찾는 연습을 해보자. 아래 글을 읽고 이 글에서 가장 핵심이 되는 단어가 무엇인지 찾아보기 바란다. 설명을 읽기 전에 자기 힘으로 핵심어를 꼭 찾아야 한다. 자기 힘으로 핵심어를 찾을 때는 '답'이 아니라 '답을 고른 이유'가 중요하다. 답을 고른 이유가 명확해야만 독해력이 제대로 된 것이며, 이유는 잘 모르는데 대략 짐작으로 정답을 골랐다면 그건 정답은 골랐어도 독해력이 부족한 것이다. 문제를 풀 때는 머리로만 하지 말고 답과 이유를 모두 글로 쓰기 바란다.

벙어리가 스물세 살이 될 때까지 그는 물론 이성과 접촉할 기회가 없었다. 동네의 처녀들이 저를 "벙어리", "벙어리"하며 괴상한 손짓과 몸짓으로 놀려먹음을 받을 적에 분하고 골나는 중에도 느긋한 즐거움을 느끼어 본 일은 있었으나 그가 결코 사랑으로써 어떠한 여자를 대해 본 일은 없었다.

그러나 정욕을 가진 사람인 벙어리도 그의 피가 차디찰 리는 없었다. 혹 그의 피는 더욱 뜨거웠을는지도 알 수 없었다. 뜨겁다 뜨겁다 못하여 엉기어 버린 엿과 같을지도 알 수 없었다. 만일 그에게 볕을 주거나 다시 뜨거운 열을 준다면 그의 피는 다시 녹을는지도 알 수 없었다.

그가 깜박깜박하는 기름 등잔 아래에서 밤이 깊도록 짚신을 삼을 때면 남모르는 한숨을 아니 쉬는 것도 아니지마는 그는 그것을 곧 억제할 수 있을 만큼 정욕에 대하여 벌써부터 단념을 하고 있었다.

마치 언제 폭발이 되는지 알지 못하는 휴화산 모양으로 그의 가슴속에는 충분한 정열을 깊이 감추어 놓았으나 그것이 아직 폭발될 시기가 이르지 못한 것이었다. 비록 폭발이 되려고 무섭게 격동함을 벙어리 자신도 느끼지 않는 바는 아니지마는 그는 그것을 폭발시킬 조건을 얻기 어려웠으며 또는 자기가 여태까지 능동적으로 그것을 나타낼 수가 없을 만큼 외계의 압축을 받았으며, 그것으로 인한 이지가 너무 그에게 자제력을 강대하게 하여 주는 동시에 너무 그것을 단념만 하게 하여 주었다.

속으로 '나는 벙어리다', 자기가 생각할 때 그는 몹시 원통함을 느끼는 동시에 나는 말하는 사람들과 똑같은 자유와 똑같은 권리가 없는 줄 알았다. 그는 이와 같은 생각에서 언제든지 단념 않으려야 단념하지 않을 수 없는 그 단념이 쌓이고 쌓이어 지금에는 다만 한 개의 기계와 같이 이 집에 노예가 되어 있으면서도 그것을 자기의 천직으로 알고 있을 뿐이요, 다시는 자기가 살아갈 세상이 없는 것 같이 밖에 알지 못하게 된 것이다.

－「벙어리 삼룡이」

벙어리 삼룡이는 뜨거운 가슴을 지닌 청춘이다. 사랑을 하고 싶다. 사춘기를 거치고 성인이 되면 이성에 대한 관심이 생기고, 가슴이 두근거리는 경험을 자연스럽게 하게 된다. 그런데 벙어리 삼룡이는 그러지 못한다. 곧 폭발할 듯하지만 자신이 벙어리란 현실 앞에 꾹꾹 자신의 욕망을 눌러 버린다.

이 글에서 핵심어는 벙어리 삼룡이의 마음과 관련이 있다. 왜냐하면 이 글은 벙어리 삼룡이의 내면 상태를 표현하기 때문이다. 삼룡이의 내면 심리에 집중해보자. 자연스러운 욕망, 그러나 벙어리라는 현실, 결국 꾹꾹 욕망을 꾹꾹 눌러 버리는 감정이 엿보인다. 삼룡이의 감정 상태, 내면의 생각을 지배하는 말을 찾으면 그게 핵심어다. 벙어리 삼룡이의 내면의 생각을 표현하는 단어를 윗글에서 찾으면 '정욕'과 '단념'이다. 그 중에서도 정욕을 벙어리라는 현실 때문에 포기하는 마음, 바로 '단념'이 벙어리 삼룡이의 핵심 감정이며, 이 글의 핵심어다.

다음 글도 질문 없이 핵심어를 찾아보자. 글이 무엇을 중심으로 말하고 있는지 생각한 뒤, 글이 말하는 바를 가장 잘 나타내는 표현을 찾으면 된다. 반복하지만 답과 근거를 글로 반드시 쓰기 바란다.

첫 월급을 타던 기쁨은 '지난 *일 밤, 자정도 가까워 바야흐로 삼라만상이 잠들려 할 때, **동 **번지 근방에서 뜻 아니한 비명이 주위의 정적을 깨드렸다. 이제 탐문한 바에 의하면……' 이런 식의 기사를 쓸 때마다 희미해졌고, 그것이 거듭되기 일 년이 못 되어 그는 자기가 문학도였다는 의식까지도 완전히 잃어버리고 말았던 것이다. 경찰서를 드나들며 강절도, 밀매음, 사기 등속에 사건 전말을 듣는 것이 무슨 문학 수업의 좋은 기회가 되는 것처럼 생각한 것도 일시적이었고, 악을 폭로해서 민중의 좋은 기준이 되게 한다던 의협심도 기실 자기 위안의 좋은 방패 외에 아무것도 아니라는 것을 깨달은 후부터는 그는 완전히 기계였던 것이다. 아침이면 나와서 종일 돌아다니다가 저녁 - 대개는 밤에 집이라고 찾아든다. 친구에 휩쓸려 술잔도 마시고 회합에서 늦어 이차회가 벌어지고 이러구러 하루가 가고 이틀이 가고 달이 바뀌고 연도 갈리었다.

―「제1과 제1장」

글의 핵심을 이해하기 위해서는 글이 무엇을 중심으로 말하고 있는지를 파악해야 한다. 주인공은 신문기자다. 그런데 처음엔 기뻤지만 갈수록 신문기자로 사는 삶이 의미 없다고 느낀다. 이 글은 주인공이 신문기자로서 사는 삶이 재미없으며, 신문기자로 활동하는 동안 느끼는 좋지 않은 감정에 대해 설명한다. 중심 내용이 자신의 일을 바라보는 자신의 감정이므로, 주인공이 신문기자인 자신을 어떻게 보는지를 찾으면 그게 핵심어다.

주인공은 신문기자인 자신을 어떻게 보는가? 긍정적으로 보는가, 아니면 부정적으로 보는가? 주인공은 신문기자인 자신을 매우 부정적으로 본다. 그럼 부정적인 느낌을 가장 잘 나타내는 단어는 무엇인가? 그 단어가 핵심어다. 주인공의 감정, 자신을 바라보는 자신의 시각을 가장 노골적으로 드러내는 핵심어는 '기계'다. 자신이 신문기자가 되어 기계처럼 산다는 느낌이 주인공 자신을 괴롭힌다. 인간이 인간답게 살지 못하고 기계처럼 사니 기분이 나쁠 수밖에 없다.

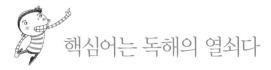

핵심어는 독해의 열쇠다

글이 핵심적으로 무엇을 다루는지 찾은 뒤, 핵심적으로 다루는 내용을 가장 잘 표현하는 어휘를 찾으면 그게 핵심어. 핵심어를 찾아내면 핵심어를 중심으로 글을 다시 보기 바란다. 아마 한 차원 높게 글을 이해하게 될 것이다. 왜냐하면 핵심어는 독해의 열쇠이기 때문이다. 열쇠가 문을 열듯 핵심어를 알고 핵심어를 중심으로 글을 읽으면 독해력의 문이 열린다.

평소에 글을 읽을 때 한 단락, 하나의 글에서 핵심어가 무엇인지 생각해 보는 연습을 꾸준히 하기 바란다. 아무 생각 없이 책을 많이 읽는다고 해서 독해력이 늘지 않는다. 중간중간에 읽는 걸 멈추고 생각을 깊이 할 때 독해력이 향상된다.

국어 독해력이 밥이다

글의 목적, 주제 11

부모들은 자식들을 걱정해서 잔소리를 많이 한다. 그런데 아무리 잔소리를 해도 귀담아 듣지 않는 자식들이 많다.

"아휴, 무려 한 시간 동안 잔소리를 들었어요."

"뭐라고 하시든?"

"몰라요. 어쩌고저쩌고 잔소리는 한참 들었지만 기억은 하나도 안 나요."

"아니, 한 시간이나 잔소리를 들었다면서 하나도 기억이 안 난단 말이야?"

"뭐라고 하시긴 하는데 무슨 말인지 알아들어야 말이죠."

"헐, 엄마가 완전 헛수고 하셨구나."

잔소리를 많이 해도 자식들이 기억을 못하는 건 두 가지 이유 때문이다. 하나는 귀담아 듣지 않기 때문이고, 다른 하나는 뭔 소린지 알아듣지 못하기 때문이다. 귀담아 듣지 않는 건 부모 자식 사이의 관계에 신뢰가 없기 때문이지만, 뭔 소리인지 알아듣지 못하는 건 독해력이 부족하기 때문이다.

뭔 말인지 못 알아듣는 학생들

학생들은 학교, 학원, 인터넷을 통해 강의를 듣는다. 그런데 신기하게도 그렇게 열심히 들어도 선생님이 무슨 말씀을 하는지 못 알아듣는 경우가 태반이다. 수업을 하다 보면 선생님이 한참을 설명하고, 이야기를 했는데도 끝날 때쯤에는 꼭 이렇게 말하는 학생들이 많다.

"그래서 뭐라고 적어요?"

이렇게 묻는 학생은 100% 선생님 말씀을 알아듣지 못한 것이다. 이런 학생은 따로 정리해서 글로 적어 봐야 적은 내용을 기억하지도 못한다. 선생님이 하고자 하는 말이 무엇인지 이해도 못하고, 알아듣지 못했기 때문에 적어 놓아 봐야 나중에 읽어도 그 말이 무슨 뜻인지 제대로 알지도 못한다.

의외로 많은 학생들이 말을 듣고 말에서 전하고자하는 핵심 내용이 무엇인지 못 알아듣는 경우가 많다. 말을 듣고도 못 알아듣는 학생들이 글을 읽고 제대로 독해를 하기를 바라는 건 무리다. 감정과 표정이 담긴 말을 눈 앞에서 듣고도 못 알아듣는데, 감정도 표정도 없는 글을 이해한다면 그게 오히려 이상하다.

독해란 주제 파악이다

말과 글은 생각을 전달하는 수단이다. 내 생각, 느낌, 경험을 전달하는 게 말과 글이다. 전하려고 하는 핵심적인 메시지, 그걸 우린 '주제'라고 부른다. 주제란 쉽게 말해서 '글 쓴 사람이 하고 싶은 말'이다. 글을 쓴 사람의 핵심 메시지를 '주제'라고 한다. 그러니 '주제'는 글의 시작이요, 끝이다. 주제는 글을 쓰는 목적이며, 글은 주제를 위해 존재한다.

단순하게 말하면 독해란 '주제 파악'이다. 글을 읽고 글이 전하고자 하는 바를 알아챘다면 독해는 끝났다고 봐도 된다. 글 쓰는 사람은 주제를 중심으로 글을 구성하고, 모든 표현을 배치한다. 따라서 주제를 정확히 파악한 학생은 글의 구성이나 표현법도 거의 대부분 정확하게 이해한다.

국어 시험공부의 핵심은 주제다. 주제를 정확히 이해하는 것이 국어 공부의 시작이 되어야 한다. 주제를 이해하고 난 뒤에 글의 구성, 소재, 표현법, 갈등, 성격 등을 공부해야 한다. 구성, 소재, 표현법, 갈등, 성격은 모두 주제를 도드라지게 드러내기 위한 엑스트라다. 모두 주제와 어떻게든 연결된다. 구성, 소재, 표현법, 갈등, 성격 등이 주제와 어떤 식으로 연결되는지 이해했다면 국어 시험 준비는 끝난 것이나 마찬가지다.

주제 읽어내기 연습

학생들에게 글을 읽고 스스로 주제를 파악해보라고 하면 꼭 '교훈'식으로 찾아내려고 한다. 예를 들면 이런 식이다.

1) 열심히 일해야 한다.
2) 거짓말하지 마라.
3) 약자를 배려해야 한다.

물론 이런 식의 교훈이 주제인 글도 있다. 그러나 그렇지 않은 글이 훨씬 많다. 주장글의 경우는 '교훈'식의 주제가 많지만, 소설이나 수필, 시에서는 '교훈'식의 주제가 아니라 느낌이나 생각, 감정, 현실에 대한 주제가 훨씬 많다. 왼쪽은 보통 학생들이 제시하는 교훈식 주제고, 오른쪽은 같은 내용이지만 교훈 방식과 다르게 표현한 주제다.

1) **열심히 일해야 한다.** → 열심히 일하는 사람의 기쁨과 좌절
2) **거짓말하지 마라.** → 어쩔 수 없는 거짓말로 인한 고통
3) **약자를 배려해야 한다.** → 사회적 약자를 배려하는 아름다운 사람들

주제를 파악하는 힘이 큰 학생은 왼쪽이 아니라 오른쪽과 같은 방식으로 글을 읽어내는 힘이 크다. 솔직히 기존의 국어 교육에서는 주제를 스스로 찾는 힘을 기르는 교육은 전혀 하지 않고, 그냥 주제를 알려주기 때문에 학

:국어 독해력이 밥이다:

생들이 글을 읽는 힘을 기르지 못했다. 그렇기 때문에 대다수 학생들이 늘 교훈식의 주제 찾기밖에 못한다.

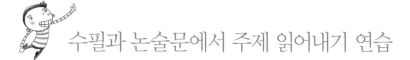

수필과 논술문에서 주제 읽어내기 연습

먼저 수필과 논술문을 읽으며 주제를 읽어내는 연습을 해보겠다. 글이 어렵지만 않다면 소설에서 주제를 읽어내기보다는 쉽다. 논술문은 '교훈식' 주제 파악을 해도 크게 무리가 없지만, 수필은 글을 읽으면서 교훈식의 주제인지, 아닌지를 판단해야 한다.

여기서 제시하는 주제 파악 연습은 그냥 읽으면서 따라오면 안 된다. 지시한 대로 먼저 해보고 설명을 읽어야 한다. 거듭 강조하지만 스스로 고민하고 노력하는 과정을 거쳐야만 실력이 는다.

첫 번째 글은 주장글이다. 주장글이니 만큼 교훈식으로 주제를 찾으면 된다. 읽어보고 이 글이 말하고자 하는 바가 무엇인지 스스로 정리하자. 주제를 스스로 찾을 때는 머리나 말이 아니라 반드시 하나의 문장으로 써야 한다. 문장으로 써야 생각이 명확해지고, 자신이 얼마나 정확하게 주제를 파악했는지 그 수준이 드러난다.

과자와 인스턴트 음식으로 아이들의 입맛을 유혹하는 텔레비전을 시작으로 아이를 둘러싼 먹을거리 환경은 온통 위협적인 것뿐이다. 주변의 온갖 유혹 덕택에 날마다 아이와 단맛을 둘러싼 전쟁을 치르며 산다. 단 음식을 되도록 못 먹게 하는 이유는 단지 식습관 때문만은 아니다. 어린 시절 단 음식을 섭취하면 건강과 성격 형성에 지대한 영향을 받기 때문이다. 설탕을 다량 섭취하면 백혈구의 활동 능력이 뚝 떨어져 병균에 대한 저항력이 약해진다고 한다. 특히 어린 아이처럼 저항력이 약한 상태에서 사탕을 먹을 경우 이는 몸을 무방비 상태로 만드는 것으로, 요즘 아이들이 병에 자주 걸리는 것도 사탕을 대량 섭취하는 것과 관련이 깊다.

사탕은 건강상의 문제뿐만 아니라 '과잉행동장애'를 일으키기도 한다. 폭력적이 된다는 말이다. 소년원에 있는 아이들과 그렇지 않은 아이들을 비교해 본 결과 사탕 섭취량이 크게 차이가 났다는 연구 결과도 있다는데, 정말 심각한 문제가 아닐 수 없다. 그런데 사탕은 중독성이 크고, 특히 어릴수록 강하다고 한다. 사탕을 다량 섭취하는 게 부작용이 크다면 아이에게 '사탕을 많이 먹는 것'은 아이에게 '독을 먹이는 것'과 같지 않은가 싶다. 특히 아픈 아이를 병원에 데려간 후 달래기 위해 사탕을 주는 것은 아이를 병원균에 무방비로 노출시키는 셈이다.

초등학교 주변의 먹을거리는 온통 인스턴트 음식뿐이고, 텔레비전 광고의 유명 연예인은 과장된 몸짓으로 아이들의 입맛을 유혹한다. 어른들은 아이가 떼를 쓰면 손쉽게 달래는 방법으로 사탕과 과자를 선택하고, 귀엽거나 마음에 들게 행동하면 그에 대한 보상으로 사탕과 과자를 선택한다. 사탕과 과자는 너무 많이 먹으면 안 된다고 평소에 야단치던 어른들이 칭찬할 때나 달랠 때는 먹으면 안 된다고 가르친 과자와 사탕을 '상'으로 준다. 사탕

먹으면 이빨 썩는다고 누누이 이야기하면서 귀엽고 예쁜 아이를 보면 먼저 사탕부터 건네준다. 그런 행동은 "이이고 귀여운 녀석! 이거 먹고 이빨 썩어라!"하고 주문을 거는 셈이다.

과자와 사탕, 인스턴트 음식은 아이들에게 제공하면 안 된다. 주더라도 아주 제한적으로 제공해야 한다. 그것이 아이를 위하는 길이다. 아이들의 입맛을 건강하게 만드는 일은 우리 사회를 건강하게 만드는 출발이다. 어른들이 쉽게 선택하는 과자와 사탕을 버리는 것부터 시작해서 텔레비전 광고와 주변 먹을거리 환경을 개선하는 일까지 어른들의 관심이 많이 커져야 한다.

주제가 한눈에 들어오면 그대로 쓰면 된다. 반면에 주제가 한눈에 들어오지 않으면 글이 전체적으로 무슨 이야기를 하고 있는지 정리하는 과정을 거쳐야 한다. 이 글은 네 단락이다. 첫째 단락에서는 과자와 인스턴트 음식이 나쁘다는 말을 하고 있다. 둘째 단락도 첫째 단락과 내용은 다르지만 과자와 인스턴트 음식이 나쁘다고 강조한다. 셋째 단락은 조금 다르다. 이렇게 나쁜 과자와 인스턴트 음식을 아이들이 쉽게 접하게 해주는 어른들을 비판한다. 이 세 단락을 눈에 보기 좋게 정리해보자.

첫째 단락　　과자와 인스턴트 음식은 나쁘다

둘째 단락　　과자와 인스턴트 음식은 나쁘다

셋째 단락　　나쁜 과자와 인스턴트 음식을 아이들이 쉽게 접하게 해주는 어른들의 행동은 잘못이다.

이렇게 정리해보면 넷째 단락은 안 봐도 무슨 말을 할지 뻔하다. 나쁜 건 고쳐야 한다. 누가 고쳐야 할까? 셋째 단락까지 글의 흐름을 잘 보면 아이들이 고쳐야 한다는 말이 아니라 어른들이 바뀌어야 한다는 말을 할 것 같다. 실제로 넷째 단락에서 어른들이 바뀌어야 한다는 말이 나온다.

글의 흐름을 정리하면 글이 전체적으로 보인다. 그리고 글이 무엇을 말하려고 하는지, 즉 글의 주제가 무엇인지 확연히 드러난다. 이 글 전체 내용을 한 문장으로 줄이면 다음과 같다.

과자와 인스턴트 음식은 나쁜데 어른들이 과자와 인스턴트 음식을 아이들에게 제공해 아이들의 건강을 해친다. 이제부터는 어른들이 그러지 말자.

이 문장을 조금 세련되게 표현하면 이 글의 주제다. 이 글의 주제를 간략한 문장으로, 그리고 조금 세련되게 표현하면 '아이들의 건강한 먹을거리를 위해 어른들의 관심을 키우자.' 정도가 된다. 물론 조금 다른 문장으로 써도 핵심어(핵심개념)가 들어가면 같은 뜻이므로 상관없다.

* * *

다음은 수필이다.

남원의 어느 시골 마을에서 30년을 젖소를 키우며 하루도 빠짐없이 새벽 다섯 시에 일어나는 어느 농부가 사셨다. 자식을 키우듯 소를 키우셨고, 스스로를 '소아버지'라 부른다. 그런데 몇 해 전, 그 마을을 감싸고 있는 뒷산에 돈 많은 기업이 대규모 개발을 하겠다고 나섰다. 그런 일을 도모하는 이들이 대부분 그렇듯이 개발사업자는 마을을 잘 아는 거간꾼을 통해 마을에서 중심인 사람들을 매수하려고 했다. 반대 여론을 잠재우기 위해서 1,000~2,000만 원이 넘는 돈을 주며 매수를 시도했다. 어떤 사람은 받았고, 어떤 사람은 받지 않았다고 한다. 어느 날 소아버지에게도 개발업자가 찾아왔다. 그런데 돈 다발을 보여주지도 않고 잘 부탁한다고만 했다. 소아버지는 단호히 거절했다. 그러고서 개발업자와 다시 얼굴을 보지 않았다. 그런데 개발업자가 소아버지를 만날 때 다른 사람과 달리 돈 한 푼 들고 오지 않은 데는 이유가 있었다.

개발업자가 소아버지를 만나려고 할 때 거간꾼이 "그 사람한테는 돈을 줘도 소용없습니다. 몇 억을 준다 해도 받지 않을 겁니다. 그러니 돈은 준비할 필요도 없이 그저 만나는데 의미를 두셔야 할 겁니다."하고 말했기 때문이라고 한다. 이 말을 나중에 전해들은 소아버지는 내게 이렇게 말했다.

"그 말을 전해들은 순간, 전 제 자신이 참 잘 살았다는 생각이 들었어요. 내가 돈에 흔들릴 사람이 아니라고 평판이 났다는 사실이 절 뿌듯하게 했습니다."

돈으로 양심을 살 수 없는 사람이라는 평판을 받는 사람, 그러한 평판에 참 잘 살았구나 가슴 뿌듯해 하는 사람, 30년을 한 결 같이 새벽 다섯

시에 일어나 자식을 돌보듯 소를 돌보며 스스로를 소아버지라 부르는 사람, 그 분처럼 사는 삶이야말로 참 인생이 아닐까? 우리 교육이 길러내야 할 인간이 바로 소아버지 같은 분이다. 성실하게 묵묵하게 자기 일을 하며, 주위 사람들이 모두 돈이 아니라 정의를 위해 살아가는 사람이라고 인정해 주는 사람, 우리 교육이 그런 사람을 길러낼 때 우리나라는 저절로 좋아질 것이다.

그러나 안타깝게도 우리나라 교육 현실은 정반대다. 우리 교육은 오직 대학 진학만을 목표로 한다. 인생의 가치를 발견하는 능력을 길러주는 것, 자신이 발견한 가치에 자신의 인생을 걸 수 있는 열정을 길러주는 것, 그리고 그 열정을 실현시킬 수 있는 능력을 길러주는 것, 그게 곧 교육의 역할인데 말이다. 혼자 공부 잘해서 명문대에 입학해 돈 많이 벌면서 사는 인간을 만드는 게 교육의 목적이면 안 되는데, 현실은 정반대니 참으로 안타깝다.

소아버지의 아내 되시는 분도 30년을 함께 소를 길러 오신 분이다. 그분의 교육철학이 내 심장을 두드린다.

"전 자식들에게 돈 많이 벌라고 하지 않아요. 너희들이 궁핍하지 않게 살만큼만 벌라고 해요. 더 벌려는 욕심이 화를 불러요. 전 어릴 때부터 자식들에게 공부도 1등을 하려고 애쓰지 말라고 했어요. 그 대신 조금이라도 너보다 못한 친구를 생각하라고 했어요."

나는 이 말보다 우리 사회의 교육이 어디로 가야 하는지를 명확하게 보여주는 말을 들어보지 못했다.

수필은 생활글이다. 그래서 논술문이나 소설처럼 일관되게 하나의 흐름으로 글이 이어지지 않는 경우가 많다. 그래서 글을 전체적으로 분석하거나 흐름을 잡아서 정리해도 주제가 드러나지 않는 경우가 많다. 수필에서 주제를 찾아낼 때는 글쓴이가 가장 힘 있게 강조하는 부분을 주목해야 한다. 글전체가 하나의 흐름으로 이어질 경우에는 논술문처럼 글을 전체적으로 분석하는 게 좋지만, 흐름을 잡아내기 어려울 경우에는 가장 강조하는 느낌이 드는 곳, 가장 힘찬 표현을 많이 사용한 곳만 잘 보면 주제가 드러난다.

가장 힘을 넣어서 표현한 부분이 한 단락일 수도 있고, 두 단락일 수도 있다. 표현이 여기저기 흩어져 있을 수도 있다. 글을 읽으면서 글쓴이가 힘주어 쓴 곳, 강조하는 것 같은 느낌이 드는 부분을 적당히 고른 뒤에 그걸 연결한다.

윗글은 대부분 소아버지 이야기를 하고 있는데, 가장 강조하는 부분, 가장 힘 있게 말하는 부분은 소아버지 이야기 자체가 아니라 '우리나라 교육'이다. 윗글에서 글쓴이가 가장 강조하며, 힘을 기울인 부분을 뽑으면 다음과 같다.

우리 교육이 길러내야 할 인간이 바로 소아버지 같은 분이다. 성실하게 묵묵하게 자기 일을 하며, 주위 사람들이 모두 돈이 아니라 정의를 위해 살아가는 사람이라고 인정해주는 사람, 우리 교육이 그런 사람을 길러낼 때 우리나라는 저절로 좋아질 것이다.
그러나 안타깝게도 우리나라 교육 현실은 정반대다. 우리 교육은 오직 대학 진학만을 목표로 한다. 인생의 가치를 발견하는 능력을 길러주는 것, 자신이 발견한 가치에 자신의 인생을 걸 수 있는 열정을 길러주는 것, 그리고 그 열정을 실현시킬 수 있는 능력을 길러주는 것, 그게 곧 교육의 역할인데 말이다. 혼자 공부 잘해서 명문대에 입학해 돈 많이 벌면서 사는 인간을 만드는 게 교육의 목적이면 안 되는데, 현실은 정반대니 참으로 안타깝다.

중요한 부분을 뽑았으면 이걸 대충 얼기설기 엮어서 한 문장으로 줄여 본다. 너무 길게 늘어지지 않게 줄이고, 두 문장이 아니라 어떻게든 한 문장으로 줄이도록 한다. 이 글을 한 문장으로 대략 줄이면 다음과 같다.

소아버지처럼 가치 있는 삶을 사는 사람을 길러내는 교육을 해야 하는데, 우리나라 교육은 혼자 잘 먹고 잘 살기 위해 명문대에 가라는 교육만 한다.

이 문장을 조금 세련되게 표현하면 이 글의 주제다. 이 글의 주제를 간략한 문장으로, 그리고 조금 세련되게 표현하면 '참 인간을 기르는 교육을 하자.' 정도가 된다. 물론 조금 다른 문장으로 써도 핵심어(핵심개념)가 들어가면 같은 뜻이므로 상관없다.

다음 글도 수필이다. 같은 방식으로 주제를 찾아보자. 이미 설명을 들었으므로 자기 힘으로 처음부터 끝까지 단계를 밟아서 해보고, 그 뒤에 설명과 견주어보기 바란다.

"뭐하는 거니?"

"도롱뇽이 죽어서요. 무덤 만들어주고 있어요."

초등학교 2학년인 혁이는 정성스럽게 무덤을 만들고 있었습니다. 어른 주먹 서너 개 크기의 무덤 앞에는 작은 돌이 놓여 있고, 주위에는 예쁜 꽃들을 둘렀습니다. 뒤쪽에는 작은 나뭇가지가 무덤에 그늘을 만들어주었습니다. 정말 지극 정성입니다.

갑자기 어린 시절 생각이 나더군요. 저도 어릴 때는 작은 생명 하나가 죽으면 가슴이 아파서 무덤을 만들어주기도 했지요. 요즘 아이들에게서는 좀처럼 볼 수 없는 모습입니다. 그냥 멀쩡한 동물과 곤충도 아무 생각 없이 잔인하게 죽이는 도시 아이들과 달리 혁이는 자연에서 나고 자라는 생명을 소중히 여겼습니다.

"그런데 도롱뇽이 어디 살아?"

"저쪽 산 밑에요."

혁이가 산 밑을 가리킵니다. 보고 싶더군요.

"구경시켜줄래?"

"따라 오세요."

혁이는 무덤을 한 번 보더니 씩씩하게 앞장서 갑니다. 혁이 뒤를 따라가는데 은근히 가슴이 설레더군요. 행복했습니다. 어릴 적 추억이 현재로 되살아나는 듯했습니다. 제가 잃어버린 동심을 깨끗하게 간직한 채 고이 키우는 혁이가 마냥 부러웠습니다.

"조심하세요."

개울을 건너며 혁이가 말했습니다. 하지만 조심스럽지 못했는지, 아니면 너무 설레서인지 그만 신발이 물에 빠졌습니다. 그래도 기분은 좋았습니다. 혁이가 비밀 장소를 안내해주었기 때문입니다. 잃어버린 동심을 찾게 해준 도롱뇽들이 살고 있는 공간이었기 때문입니다. 행복했습니다. 그런데······.

"여기 뒷산에 골프장이 들어선데요."

그 순간 정말 끔찍했습니다. 골프장이 들어서고, 농약이 뿌려지고, 물이 오염되면 이 많은 도롱뇽은 다 어떻게 될까요? 그럼 혁이는 앞 뜰 전체에 도롱뇽 무덤을 만들어주어야 할지도 모릅니다. 조금 전에 만든 무덤 하나는 친구의 죽음을 안타까워하는 동심이었지만, 모든 도롱뇽이 죽은 뒤에 만드는 무덤은 골프장을 만든 어른들에 대한 미움이 가득 담기지 않을까 걱정스러웠습니다. 예쁘게 가꿔가는 아름다운 소년의 마음에 좌절과 세상에 대한 분노가 가득차지 않을까 걱정스러웠습니다.

산 아래 작은 마을에 사는 혁이의 동심은 지금, 골프장이라는 어른들의 경제적 탐욕에 의해 산산이 짓밟힐 위험에 처했습니다. 어디 혁이의 동심뿐이겠습니까? 이 마을에 사는 아이들 마음속에 자라는 동심도 모두 상처를 입겠지요. 어린이뿐 아닙니다. 한 평생을 살아온 어르신들은 삶의 추억을 모조리 빼앗기고, 남과 다른 꿈을 안고 농촌에서 사는 젊은 농부들의 굳센 다짐도 무너질 것입니다.

아이의 동심, 젊은 농부의 다짐, 어르신들의 추억, 그리고 길이 보존하고 아껴야할 아름다운 우리 환경이 모두 파괴되겠지요. 과연 이 모든 걸 희생하고 파괴해서 얻는 것이 무엇일까요? 그래서 벌어들인 돈 몇 푼이 과연 어떤 가치일까요?

이런 일이 없기를 바랍니다. 제발 없기를 바랍니다. 마을 뒷산에서 뛰어 노는 아이들의 웃음소리가 사라지는 일이 없기를 바랍니다. 혁이가, 저 순진한 혁이가 수백, 수천 마리나 되는 도롱뇽의 무덤을, 눈물을 흘리며 만드는 일은 절대 일어나지 않기를 바랍니다.

수필을 다 읽었으면 글에서 가장 힘이 들어간 부분, 작가가 가장 열정적으로 쓴 부분을 뽑아내자. 대략 강조한 부분을 뽑아내면 다음과 같다. 물론 자신이 한 것이 이것과 다르다고 해서 틀렸다고 생각할 필요는 없다. 각자 자신이 중요하다고 생각하는 부분에 표시하면 된다. 너무 많이, 또는 너무 적게만 표시하지 않으면 대부분의 학생들은 작가가 강조한 부분을 틀리지 않고 잡아낼 능력을 갖추고 있다.

모든 도롱뇽이 죽은 뒤에 만드는 무덤은 골프장을 만든 어른들에 대한 미움이 가득 담기지 않을까 걱정스러웠습니다. 예쁘게 가꿔가는 아름다운 소년의 마음에 좌절과 세상에 대한 분노가 가득 차지 않을까 걱정스러웠습니다. … (중략) … 산 아래 작은 마을에 사는 혁이의 동심은 지금, 골프장이라는 어른들의 경제적 탐욕에 의해 산산이 짓밟힐 위험에 처했습니다. … (중략) … 아이의 동심, 젊은 농부의 다짐, 어르신들의 추억, 그리고 길이 보존하고 아껴야 할 아름다운 우리 환경이 모두 파괴되겠지요. 과연 이 모든 걸 희생하고 파괴해서 얻는 것이 무엇일까요? 그래서 벌어들인 돈 몇 푼이 과연 어떤 가치일까요? 이런 일이 없기를 바랍니다. 제발 없기를 바랍니다.

중요한 부분을 뽑았으면 이걸 대충 얼기설기 엮어서 한 문장으로 줄여 본다. 문장이 조금 길어져도 좋으니 어떻게든 한 문장으로 줄이도록 한다. 뽑아낸 부분을 한 문장으로 줄이면 다음과 같다.

골프장으로 도롱뇽이 죽으면 혁이의 동심이 파괴되는 등 수많은 희생이 벌어질 텐데, 그걸 무시하고 얻는 경제적 이득은 별로 가치가 없으니, 골프장 건설을 하지 말아 달라.

이 문장을 조금 세련되게 표현하면 이 글의 주제다. 이 글의 주제를 간략한 문장으로, 그리고 조금 세련되게 표현하면 '동심을 짓밟는 골프장 건설을 하지 말자.'거나, '수많은 희생을 만들어 내는 골프장 건설을 하지 말자.'라고 하면 된다. 물론 조금 다르게 써도 주제를 잘못 찾은 건 아니다.

소설의 주제 파악하기 연습

논술문은 글의 뼈대를 정리한 뒤에 주제를 찾는 방식이었다. 수필은 글에서 가장 강한 부분을 모두 추출한 뒤 짧은 문장으로 정리하고 주제를 뽑아냈다. 소설도 요령은 비슷하다. 소설에서 주제를 찾아내는 방법을 간략하게 정리하면 다음과 같다.

국어 독해력이 밥이다

1단계에서는 줄거리를 정리한다. 원래 글이 100 정도 길이라면 줄거리를 10 이하의 분량으로 줄인다. 줄거리를 줄이다 보면 앞부분 내용은 많고 뒷부분 내용은 적은 경우가 많거나 반대로 뒷부분만 지나치게 많은 경우가 있는데, 골고루 내용을 담는다. 다만 줄거리를 담을 때 이야기에서 가장 긴장감이 높은 부분, 읽으면서 가장 손에 땀이 나는 부분은 집중적으로 다루어도 괜찮다.

2단계에서는 줄거리를 요약한 뒤에 줄거리에서 핵심 뼈대를 간추린다. 분량은 줄거리가 10이면 줄거리 뼈대는 2~3이면 좋다. 줄거리의 뼈대는 되도록 한두 문장 정도로 요약한다. 그래야 글이 전체적으로 한눈에 들어온다.

3단계에서는 줄거리의 중심 흐름을 생각한다. 이건 줄거리의 뼈대를 간추릴 때부터 생각해야 한다. 줄거리를 2~3문장으로 줄이려면 이야기의 흐름을 분명하게 인식해야 한다.

4단계에서는 줄거리 뼈대와 줄거리의 중심 내용을 근거로 해서 약간 세련되게 한 문장으로 정리한다. 한 문장으로 정리하면 그게 바로 '주제'다. 주제를 쓸 때는 참고서나 해설서에 나온 주제를 참고해서 흉내를 내봐도 좋다. 몇 번 흉내내다 보면 처음 보는 소설의 주제도 자기 힘으로 세련되게 표현할 능력이 생긴다.

반드시 명심할 것은 소설의 주제는 수필이나 논술문과 달리 '교훈식', 또는 '주장식' 내용이 아닌 경우가 많다는 것이다. 느낌이나 생각, 감상이나 상황을 있는 그대로 드러내서 사람들에게 느끼게 하는 게 소설의 주제인 경우가 많다. 수필과 논술문은 글을 쓰는 사람이 특별한 주장을 독자에게 전달하려는 목적이 강하다. 반면에 소설을 쓰는 사람은 자신이 느끼고 생각하고 보았던 현실을 있는 그대로 독자에게 전하고 싶은 마음이 강하다. 그래서 수필과 논술문에서는 '교훈식', '주장식' 주제가 많은 반면에 소설은 그렇지 않다.

먼저『메밀꽃 필 무렵』을 읽고 스스로 줄거리를 정리해보기 바란다. 최대한 균형 있게 줄거리를 정리한다. 줄거리를 정리했으면 아래 글과 견주어보자. 물론 아래에 정리한 줄거리와 다르다고 해서 크게 문제될 건 없다. 핵심 내용이 들어가기만 하면 달라도 상관없다.

다음은 필자가 정리한『메밀꽃 필 무렵』의 줄거리다.

봉평 장날, 장이 일찍 끝나자 허생원은 조선돌과 함께 충주집으로 향한다. 허생원은 충주집에서 여자들과 노는 동이를 보고 따귀를 갈긴다. 동네 각다귀들의 장난에 허생원의 나귀가 놀라 날 뛰는 걸 동이가 알려주어 겨우 진정을 시킨다. 이 세 사람은 대화장을 향해 길을 떠난다. 아름다운 길을 걸으며 허생원은 과거에 자신이 만났던 처녀 이야기를 해준다. 하룻밤 인연을 맺고 그 뒤로 한 번도 본 적이 없는 처녀인데 허생원은 늘 그 처녀를 가 슴에 품고 살았다.

　길을 가면서 허생원은 동이에게 뺨을 때린 걸 사과하고, 동이는 자신의 이야기를 들려준다. 아버지가 누군지도 모르게 태어나서, 망나니 의부 때문 에 고생한 이야기 등을 털어 놓는다. 어머니 고향이 봉평이란 말도 들려준 다. 허생원이 개울을 건너다 물에 빠지자 동이가 업어서 건네주는데, 허생 원은 동이가 업어주자 물에 빠져 추우면서도 따뜻한 기분이 든다. 길을 거 는데 동이가 채찍을 왼손으로 들고 있다. 같은 왼손잡이인 허생원은 깜짝 **놀란다**(소설에는 직접 나오지 않지만 엄마가 봉평이 고향이고, 홀어머니에서 태어나고, 같은 왼손잡이라는 점 등을 고려해볼 때 동이는 허생원의 아들임이 분명하다.).

이제 이 줄거리를 최대한 줄여서 뼈대만 남긴다. 줄거리의 뼈대만 남기면 다음과 같다.

　허생원과 동이는 집 없이 떠도는 장돌뱅이인데, 봉평장에서 대화장 으로 넘어가면서 과거를 이야기하고, 물에 빠진다. 왼손잡이인 허생 은 마지막에 동이가 왼손잡이인 걸 보고 자기 혈육임을 짐작한다.

줄거리를 뼈대만 남겼으면 줄거리를 관통하는 중심 흐름이 무엇인지 판 단한다. 줄거리를 보자. 처음엔 허생원이 동이에게 야단을 치고, 허생원과 동 이가 옛날 추억을 이야기하고, 물에 빠진 허생원을 동이가 구해서 나오고,

마지막으로 허생원이 동이가 왼손잡이인 걸 본다. 이렇게 줄거리를 가만히 살펴보면 '동이와 허생원의 관계'가 이야기의 핵심을 이룬다는 게 자연스럽게 드러난다. 또 이야기의 배경에는 장을 떠돌아다니는 장돌뱅이의 삶이 계속 바탕으로 깔린다. 허생원과 동이는 모두 장돌뱅이며, 장돌뱅이는 정착하지 못하고 떠돌아다닌다. 고향을 잃은 사람들, 머물 집이 없는 사람들이다.

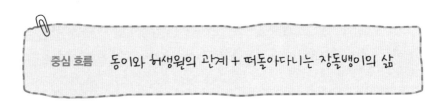

중심 흐름 동이와 허생원의 관계 + 떠돌아다니는 장돌뱅이의 삶

줄거리의 뼈대와 줄거리의 중심 흐름을 결합시켜 멋지고 세련되게 하나의 문장으로 적어 보자. 한 문장의 주제로 정리할 때는 줄거리의 뼈대와 줄거리의 중심 흐름을 동시에 고려해야 한다. 『메밀꽃 필 무렵』의 주제를 한 문장으로 적으면 다음과 같다.

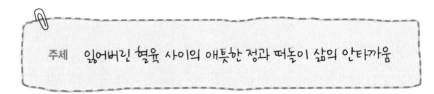

주제 잃어버린 혈육 사이의 애틋한 정과 떠돌이 삶의 안타까움

잘 보면 알겠지만 중심 흐름과 주제가 매우 비슷하다. 소설의 주제는 소설의 줄거리를 요약했을 때 드러나는 중심 흐름과 밀접하게 연관되어 있다.

＊ ＊ ＊

다음으로 읽을 글은 『붉은 산』이다. 역시 마찬가지로 스스로 줄거리를 정리한 뒤 필자가 정리한 줄거리와 견주어보기 바란다.

'여'는 의사다. 연구를 위해 만주를 돌아다니다 조선인들만 모여 사는 작은 마을에 도착한다. 그 작은 마을에는 '삵'이라는 망나니가 산다. 그는 싸움도 잘하고, 도박도 잘하지만, 무엇보다 동네 사람들을 괴롭히는 못된 자다. 동네 사람들은 그를 내쫓고 싶지만 화가 나면 칼을 휘두르는 못된 성질 때문에 아무도 그를 어쩌지 못한다.

어느 날 송첨지가 소작료를 적게 바쳤다고 중국인 지주에게 맞아 죽는다. 마을 사람들은 억울해 하며 분노하지만 자신들이 피해 입을까 두려워 감히 대들지 못한다. 힘없는 조선인들의 처지가 안타까울 뿐이다. 그런데 늘 마을 사람들을 괴롭히고 망나니짓을 하던 삵이 용감하게 지주를 찾아간다. 그리고 피투성이가 되어 돌아온다. 여가 손을 쓰려 했지만 삵을 구할 수는 없었다. 삵은 죽어가면서 붉은 산, 흰 옷을 그리워한다. 잃어버린 조국을 그리워하며 애국가를 불러달라는 말과 함께 여는 죽음을 맞이한다.

줄거리를 적었으면 줄거리를 뼈대만 남게 간단하게 정리해보자. 줄거리를 한두 문장으로 줄이면 아래와 같다.

망나니짓을 일삼던 삵이 동포가 중국 지주에게 억울하게 죽자, 그걸 갚기 위해 나선다. 그러나 삵은 크게 다치고 붉은 산, 흰 옷을 그리워하며 죽는다.

다음으로 줄거리의 중심 흐름을 생각해보자. 이야기의 앞부분에서는 '삶의 망나니짓'이 중심이다. 뒷부분에서는 망나니짓을 하던 삶이 같은 동포를 위해 희생하고 조국을 그리워하는 이야기다. 이게 『붉은 산』 소설의 중심 흐름이다.

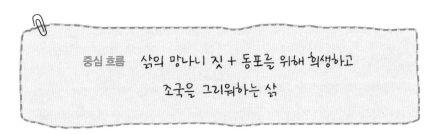

중심 흐름   삶의 망나니 짓 + 동포를 위해 희생하고
조국을 그리워하는 삶

줄거리의 뼈대와 중심 흐름 바탕으로 멋지게 한 문장으로 줄이면 주제가 나온다.

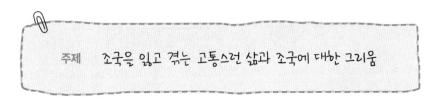

주제   조국을 잃고 겪는 고통스런 삶과 조국에 대한 그리움

『붉은 산』의 주제는 줄거리의 뼈대와 중심 흐름이 절묘하게 결합된 형태다. 『붉은 산』은 조국 사랑의 마음과 하루 빨리 독립한 나라가 오기를 바라는 마음이 담겼다.

국어 독해력이 밥이다

＊ ＊ ＊

마지막으로 『제1과 제1장』이나. 먼저 소설을 읽고 스스로 줄거리를 정리
해보자. 아래는 필자가 정리한 줄거리다.

> 　수택은 잘나가는 신문사 기자다. 돈도 필요한 만큼은 번다. 수택은 늘
> 똑같은 생활 속에서 자신이 꿈꾸던 문학과 점점 멀어져 가고, 자신이 기계
> 처럼 산다는 느낌을 받는다. 고민 끝에 수택은 농촌으로 돌아가기로 한다.
> 예전에 수택은 농사꾼 아버지를 싫어했다. 흙을 사랑해야 한다는 말, 가난
> 한 이웃을 따뜻하게 돌봐야 한다는 말을 비웃었다. 그런 수택이 고향으로
> 돌아오자 아버지는 반갑게 맞이한다.
>
> 　도시의 삶에 실증을 느끼고 농촌에 돌아왔으나, 농촌의 삶은 만만치 않
> 다. 수택은 익숙하지 않은 농사일 때문에 무척 고생을 한다. 쌀밥만 먹다가
> 보리밥만 먹는 바람에 가족 모두가 설사를 하기도 한다. 고생고생해서 농
> 사를 지었는데 참새 떼가 물어가는 걸 보면서 분노에 휩싸이기도 한다. 소
> 작료와 이러저러한 명목으로 자신이 농사지은 것들이 줄어드는 걸 보고는
> 화가 난다. 타작을 하면서 무거운 벼를 지라는 아버지 말에 코피를 쏟으면
> 서도 지게를 지고 걸어간다.

다음으로 줄거리를 뼈대만 남긴 채 간략하게 정리해보자. 줄거리를 한두
문장으로 줄이면 다음과 같다.

잘나가는 신문사 기자인 수택은 기계처럼 돌아가는 도시인의 삶에 싫증을 느껴 농촌으로 돌아가리라 결심한다. 농촌으로 돌아와 힘겹게 살아가면서 비로소 흙과 더불어 살아가는 삶이 무엇인지 조금씩 느낀다.

이제 줄거리의 중심 흐름을 생각해보자. 소설의 전반부는 도시 삶에 대한 후회, 과거 아버지와 갈등이 그려진다. 후반부는 수택과 가족들이 시골에 살면서 겪는 고통과 어려움이 그려진다. 이야기 중간에 아버지가 말하는 흙에 대한 사랑, 농사에 대한 철학이 여러 번 나온다. 작가는 자신이 하고 싶은 이야기를 '아버지'의 입을 빌려서 대신 말하는 듯하다.

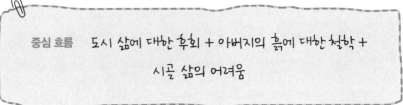

중심 흐름   도시 삶에 대한 후회 + 아버지의 흙에 대한 철학 + 시골 삶의 어려움

마지막으로 줄거리의 뼈대와 중심 흐름을 바탕으로 주제를 적으면 된다. 『제1과 제1장』의 주제는 '흙과 더불어 살아가는 삶의 가치와 힘겨움', 또는 '도시 생활에 대한 실망과 농촌에서 꾸려가는 삶의 가치와 어려움' 정도로 정리하면 된다.

주제를 중심으로 공부하라

글의 목적은 주제다. 글을 읽고 주제를 파악했으면 주제를 생각의 중심에 두고 다시 읽어보아야 한다. 작가는 주제를 최대한 잘 드러내기 위해 글을 구성하고, 표현을 배치한다. 대부분의 표현은 주제와 밀접하게 연결된다. 따라서 주제를 중심으로 글을 다시 읽으면서 세부적인 표현이나 구성을 살펴보면 글 전체가 한눈에 들어온다.

학교 국어 시험을 준비할 때도 마찬가지다. 하나의 글을 읽으면 먼저 주제 파악부터 하고, 주제를 정확하게 문장으로 기억해야 한다. 시험 준비를 하면서 접하는 모든 문제들의 답에 접근할 때는 주제를 생각해야 한다. 세부적인 문장 표현을 공부할 때도 주제와 어떤 연관을 맺는지 생각해야 한다. 하나의 글과 관련한 모든 문제가 주제와 어떤 관계를 맺는지 정리가 되면 그 글을 완벽하게 소화한 것이다. 주제는 국어 공부의 시작이며, 끝이다.

12 미리 보는 결론, 복선과 암시

만화 『명탐정 코난』에서는 사건이 벌어지면 코난이 사건을 추적한다. 중간에 이러저러한 힌트가 주어지지만 대부분 그게 무슨 의미인지 모르고 지나간다. 사건을 끈질기게 추적하던 코난은 사건의 비밀을 다 파헤친 후 진실을 밝힌다. 독자들은 사건의 진실을 밝히는 코난의 설명을 들을 때에야 앞부분에 주어졌던 힌트가 어떤 의미인지 정확하게 이해한다. 그러면서 "진실은 하나!"하고 외치는 코난의 뛰어남에 감탄한다.

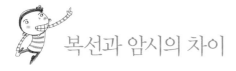

복선과 암시의 차이

소설에서 복선이란 『명탐정 코난』에서 사건의 진실을 은근히 보여주는 힌트와 같다. 『명탐정 코난』을 볼 때 눈치 빠른 사람만이 몇 가지 힌트를 바탕으로 미리 범인을 알아낸다면, 소설을 읽을 때 '복선'을 알아내면 소설을 읽는 도중에 소설이 앞으로 어떤 방향으로 펼쳐질지 짐작할 수 있다. 『명탐정 코난』의 힌트처럼 앞으로 사건이 어떻게 펼쳐질지 알려주는 장치를 '복선'이라고 한다.

'암시'는 '복선'과 비슷하지만 뒷 사건과 직접적 연결이 안 된다. 이러저러한 일이 일어날 듯한 분위기를 넌지시 알려주기만 한다. 예를 들어 『명탐정 코난』에서는 초반에 은근히 불길한 분위기를 만드는데, 이건 뒤에 살인이나 절도와 같은 불행한 사건이 벌어질 것임을 은근히 보여준다. 이게 '암시'다. 암시는 불행한 사건이 일어날 것을 은근히 보여주기는 하지만 범행과 직접적인 연관은 없다. 『명탐정 코난』에서 불길한 분위기는 '암시'고, 사건 해결과 직접적인 연관성을 지닌 숨겨진 열쇠는 '복선'이다.

복선은 필연을 위한 숨은 그림 찾기다

『명탐정 코난』에서 힌트는 눈에 보이듯이 주어지기도 하지만, 일반 사람은 전혀 짐작하지 못하는 형식으로 주어지기도 한다. 소설의 복선도 마찬가지다. 소설이 펼쳐질 방향을 은근히 보여주는 복선은 독자가 그걸 알아채는 경우도 있고, 전혀 알아채지 못하는 경우도 있다. 마지막에 '코난'의 설명을 들으면 중간에 주어진 힌트들이 어떤 의미인지 명확하게 드러나듯이, 소설을 다 읽고 난 뒤에는 은근히 주어진 복선이든, 노골적인 복선이든지 간에 어떤 의미였는지 명확하게 드러난다. 『명탐정 코난』에서는 코난이 앞부분에 주어진 힌트의 의미를 분명하게 설명해주지만, 소설에 나타난 복선은 선생님이나 해설서의 설명이 없다면 자기 스스로 찾아내야 하는 점이 다르다.

『명탐정 코난』에서 이야기 중간에 힌트가 주어지는 것은 범인이 왜 범인인지, 사건에 숨겨진 속임수가 무엇인지 알려주기 위함이다. 즉, 힌트는 결론을 이끌어내기 위해 반드시 있어야 한다. '복선'도 결론을 이끌어내기 위해 반드시 있어야 한다. 그건 현대 소설이 '필연'을 강조하기 때문이다.

고전 소설에서는 '우연'이 많다. 주인공이 길을 가다가 우연히 산삼을 발견하고, 우연히 동굴에 들어가 귀한 물건을 얻고, 우연히 길을 가다 소중한 인연을 맺는 식이다. 그러나 현대 소설에서는 우연이 아니라 필연이 지배한다. 『명탐정 코난』에서 범인이 사건을 저지른 동기가 분명하게 있듯이, 현대 소설에서는 사건이 벌어지는 이유와 방향에 분명한 까닭이 있어야 한다. 소설을 쓰는 작가들이 작품 중간에 복선을 집어넣는 이유는 바로 '필연'을 강조하기 위함이다. 물론 현대 소설이라고 우연이 전혀 없지는 않지만, 그 우연조차도 필연을 바탕으로 한다. 『명탐정 코난』에서 범죄를 저지르는 동기와 속임수의 수법은 필연이며, 여기에 우연한 사건들이 결합되는 것과 동일한 이치다.

추리력이 뛰어난 사람은 『명탐정 코난』을 보며 중간에 주어진 힌트의 의미를 정확히 읽어내고, 독해력이 뛰어난 사람은 소설 중간에 숨어 있는 복선을 잘 발견한다. 숨은 그림 찾기에서 숨겨진 그림을 잘 찾아내는 사람이 관찰력이 뛰어나듯, 소설을 읽으며 복선을 잘 찾아내는 사람이 독해력이 뛰어나다.

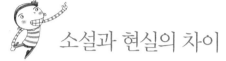

소설과 현실의 차이

소설의 복선이 '필연'을 위해 존재하기는 하지만 현실의 필연과 똑같지는 않다. 예를 들어 두 사람의 성격이 한쪽은 소심하고, 한쪽은 대범하다고 하자. 이럴 경우 현실에서도 갈등을 빚을 가능성이 높고, 소설에서도 갈등이 빚을 가능성이 높다. 둘 다 필연이다. 이 경우 소설의 필연과 현실의 필연은 비슷하다.

반면에 전혀 다른 경우도 있다. 아침에 집을 나서는데, 먹구름을 보니 기분이 나쁜 장면이 있다고 하자. 이 경우 현실에서는 먹구름을 보고 느낀 안 좋은 예감이 실제로 안 좋은 일로 이어질 가능성은 극히 낮다. 간혹 안 좋은 일이 벌어졌다고 해도 아침의 먹구름과 안 좋은 일은 아무런 관련이 없다. 먹구름은 먹구름이고, 안 좋은 일은 안 좋은 일일 뿐이다. 그러나 소설은 다르다. 소설 속에서 아침에 먹구름을 보고 주인공이 불행한 일이 일어날 듯한 느낌이 들었다면, 실제로 안 좋은 일이 벌어진다. 이게 바로 소설의 필연이 현실의 필연과 다른 점이다.

『소나기』를 보면 소년과 소녀가 즐겁게 노는데 하늘에 검은색 소나기 구름(먹장구름)이 몰려온다. 시커먼 소나기 구름이 현실에서 나타났다면 그건 그저 소나기 구름일 뿐이다. 그러나 소설에서는 다르다. 시커먼 소나기 구름이 나타났다는 건 곧 불행한 일이 벌어질 것을 암시한다. 실제로 소나기로 인해 소년과 소녀는 즐거운 추억을 만들지만, 이로 인해 소녀는 죽음을 맞이한다.

『소나기』에서 '소나기'는 불길한 예감을 주기에 '암시'이기도 하고, 필연적으로 소녀의 죽음과 연결되기에 '복선'이기도 하다. 먹장 구름 뒤에 온 소나기를 맞는다고 현실에서 불행한 사건이 벌어지진 않지만, 소설에선 거의 필연적으로 불행한 일과 연결된다. 현실의 논리적이며 과학적인 연관성과 소설의 논리적, 과학적 연관성은 다른 면이 많다. 대부분의 학생들이 소설의 복선과 암시를 어려워하는 건 현실과 소설의 차이를 구별하지 못하기 때문이다. 현실에서는 비과학적이요 우연인 요소가 소설에서는 필연이 되기도 한다.

복선과 암시 읽어내기 연습

복선과 암시는 소설을 읽는 재미다. 은근히 주어진 복선과 암시를 통해 펼쳐질 내용을 미리 짐작하기 때문이다. 상상을 하면서 읽다 보면 기대감이 높아지고 읽는 재미가 커진다. 이제 몇 가지 작품을 살펴보면서 복선과 암시가 어떻게 숨겨져 있고, 복선과 암시가 소설 속에서 어떤 역할을 하는지 살펴보겠다.

소나무 삭정이를 따며 가만히 생각해보니 암만해도 고년의 목쟁이를 돌려 놓고 싶다. 이번에 내려가면 망할 년 등줄기를 한번 되게 후려치겠다 하고 싱둥겅둥 나무를 지고는 부리나케 내려왔다.

국어 독해력이 밥이다

거지반 집에 다 내려와서 나는 호드기 소리를 듣고 발이 딱 멈추었다. 산기슭에 널려 있는 굵은 바윗돌 틈에 노란 '동백꽃'이 소보록하니 깔리었다. 그 틈에 끼어 앉아서 점순이가 청승맞게시리 호드기를 불고 있는 것이다. 그보다도 더 놀란 것은 고 앞에서 또 푸드득, 푸드득, 하고 들리는 닭의 횃소리다. 필연코 요년이 나의 약을 올리느라고 또 닭을 집어내다가 내가 내려올 길목에다 쌈을 시켜 놓고 저는 그 앞에 앉아서 천연스레 호드기를 불고 있음에 틀림없으리라.

— 『동백꽃』

주인공과 점순이는 닭싸움으로 한참 동안 갈등을 빚는다. 서로 닭싸움을 통해 피터지게 경쟁한다. 그런데 닭싸움으로 심각하게 갈등하는 상황이 펼쳐지고, 더욱 큰 싸움이 벌어질 분위기인데, 뜬금없이 아래와 같은 문장이 나타난다.

산기슭에 널려 있는 굵은 바윗돌 틈에 노란 '동백꽃'이 소보록하니 깔리었다.

둘이 실컷 싸우고 있는데 갑자기 웬 '동백꽃?' 이게 현실이었으면 별다른 일이 없다. 갈등을 하는 도중에 동백꽃이 나타나든, 하늘에서 눈이 내리든, 아름다운 새가 날아가든 갈등과 주변 풍경은 아무런 관련이 없다. 동백꽃은 동백꽃이요, 갈등은 갈등이다.

그러나 소설에서는 그렇지 않다. 소설에서는 동백꽃이 나타난 것과 갈등은 필연적으로 관계가 있다. 갈등하는 도중에 뜬금없이 나타난 동백꽃은 분명 앞으로 무언가 변화가 생길 것이라는 암시다. 동백꽃도 그냥 동백꽃이 아니다 노란 동백꽃이다. 남녀가 닭싸움으로 경쟁하는데 향기롭고 아름다운 동백꽃이 등장했으니 분명 좋은 일이 일어날 암시다.

그리고 실제로 조금 뒤 주인공은 점순이가 자신을 좋아하는 마음을 받아들인다. 현대 소설에 필요 없는 장치는 없다. 작가는 무언가 의미를 두고 문장을 쓴다. 숨은 그림 찾기 하듯이 작가가 숨겨놓은 암시를 찾아가며 읽으며 소설 읽기가 훨씬 재미있다.

여름 장이란 애시당초에 글러서, 해는 아직 중천에 있건만 장판은 벌써 쓸쓸하고 더운 햇발이 벌여놓은 전 휘장 밑으로 등줄기를 훅훅 볶는다. 마을 사람들은 거지반 돌아간 뒤요, 팔리지 못한 나뭇군패가 길거리에 궁싯거리고들 있으나 석웃병이나 받고 고깃마리나 사면 족할 이 축들을 바라고 언제까지든지 버티고 있을 법은 없다. 츱츱스럽게 날아드는 파리떼도 장난꾼 각다귀들도 귀치않다. 얽둑배기요 왼손잡이인 드팀전의 허생원은 기어코 동업의 조선달에게 낚아보았다.

"그만 거둘까?"

— 『메밀꽃 필 무렵』 '앞부분'

◆ ◆ ◆

허생원은 젖은 옷을 웬만큼 짜서 입었다. 이가 덜덜 갈리고 가슴이 떨리

국어 독해력이 밥이다

며 몹시도 추웠으나 마음은 알 수 없이 둥실둥실 가벼웠다.

"주막까지 부지런히들 가세나. 뜰에 불을 피우고 훗훗이 쉬어. 나귀에겐 더운 물을 끓여주고, 내일 대화장 보고는 제천이다."

"생원도 제천으로……?"

"오래간만에 가보고 싶어. 동행하려나 동이?"

나귀가 걷기 시작하였을 때, 동이의 채찍은 왼손에 있었다. 오랫동안 아 둑시니같이 눈이 어둡던 허생원도 요번만은 동이의 왼손잡이가 눈에 띄지 않을 수 없었다. 걸음도 해깝고 방울소리가 밤 벌판에 한층 청청하게 울렸다.

— 「메밀꽃 필 무렵」 '뒷부분'

『메밀꽃 필 무렵』의 앞부분에 허생원이 왼손잡이라는 얘기가 나온다. 중 간에 허생원의 추억과 동이의 추억이 나온다. 허생원이 유난이 동이를 신경 쓰는 장면도 있다. 그러다 마지막 부분에 동이도 허생원처럼 '왼손잡이'인 게 나온다. 허생원도 왼손잡이요, 동이도 왼손잡이다.

실제 현실에서 어떤 두 사람이 우연히 만났는데 둘 다 왼손잡이라고 해 서 특별한 관계는 아니다. DNA 검사를 했는데 서로 유전자가 비슷하더라 하는 정도가 아니면 웬만큼 비슷한 점을 두고 둘이 예전에 헤어졌던 혈육이 라고 생각하지 않는다.

그러나 소설은 다르다. 소설에서 둘 다 왼손잡이라는 건 필연적으로 둘 이 무슨 관계가 있다는 말이다. 밤길을 걸어가면서 허생원이 자기 추억을 이 야기하고, 동이도 자신의 과거를 이야기한다. 이야기가 묘하게 겹치는 부분이 있다. 허생원과 동이가 모두 왼손잡이라는 건 결국 둘이 아버지와 아들의 관계임을 나타낸다. 왼손잡이는 작가가 숨겨놓은 숨은 그림이며, 필연적으로 혈육임을 보여주는 장치다.

> 부처의 사이는 좋았지만, 아니 오히려 좋으므로 그는 아내에게 시기를 많이 하였다. 품행이 나쁘다는 것이 아니라, 그의 아내는 대단히 쾌활한 성질로서 아무에게나 말 잘하고 애교를 잘 부렸다. … (중략) …
>
> 싸움을 할 때에는 언제든 곁집 있는 아우 부처가 말리러 오며 그렇게 되면 언제든 그는 아우 부처까지 때려 주었다. 그가 아우에게 그렇게 구는 데는 이유가 있었다. 그의 아우는 촌사람에게는 다시없도록 늠름한 위엄이 있었고, 만날 바닷바람을 쐬었지만 얼굴이 희었다. 이것뿐으로도 시기가 된다 하면 되지만, 특별히 아내가 그의 아우에게 친절히 하는 데는 그는 속상하여 못 견디었다.
>
> ― 「배따라기」

남편은 아내가 지나치게 쾌활하고 다른 사람에게 친절하게 대하는 게 마음에 안 든다. 그래서 툭하면 폭력을 휘두른다. 아우에게도 화를 내는데, 아우에 대한 그의 감정을 표현하는 문장이 나온다.

이것뿐으로도 시기가 된다 하면 되지만, 특별히 아내가 그의 아우에게 친절히 하는 데는 그는 속상하여 못 견디었다.

남편이 아우에게 느끼는 감정은 '시기심'이다. 그리고 '속상함'이다. 소설에서 누군가를 시기하고, 속상함을 느낀다면 100% 그와 관련하여 사건이 발생한다. 남편의 시기심은 나중에 불행한 사건이 벌어질 것임을 보여준다. 앞부분에 이런 게 나오면 뒷부분에 100% 이로 인한 사건이 필연적으로 벌어진다. 그러니 '시기'와 '속상함'은 이야기의 복선이다.

나중에 주인공은 아내와 아우 사이를 의심하여 아내를 쫓아낸다. 아내는 결국 주검으로 돌아오고 아우는 멀리 떠나버린다. 만약 서로 간에 시기한다면 이러저러한 갈등이 생길 가능성은 현실에서도 매우 높다. 안 좋은 성격이나 감정으로 인해 사건이 벌어지는 건 소설과 현실이 비슷하다.

"남대문 정거장까지 말씀입니까?"

하고, 김 첨지는 잠깐 주저하였다. 그는 이 우중에 우장도 없이 그 먼 곳을 칠벅거리고 가기가 싫었음일까? 처음 것, 둘째 것으로 고만 만족하였음일까? 아니다. 결코 아니다. 이상하게도 꼬리를 맞물고 덤비는 이 행운 앞에 조금 겁이 났음이다. 그리고 집을 나올 제 아내의 부탁이 마음에 켕기었다. 앞집 마나님한테서 부르러 왔을 제 병인은 그 뼈만 남은 얼굴에 유월의 샘물 같은 유달리 크고 움푹한 눈에다 애걸하는 빛을 띠우며,

"오늘은 나가지 말아요. 제발 덕분에 집에 붙어 있어요. 내가 이렇게 아픈데……."

하고 모기 소리같이 중얼거리며 숨을 걸그렁걸그렁하였다. 그래도 김 첨지는 대수롭지 않은 듯이.

"압다, 젠장맞을 년. 빌어먹을 소리를 다 하네. 맞붙들고 앉았으면 누가 먹여 살릴 줄 알아."

하고 훌쩍 뛰어나오려니까 환자는 붙잡을 듯이 팔을 내저으며,

"나가지 말라도 그래, 그러면 일찍이 들어와요."

하고 목 메인 소리가 뒤를 따랐다.

정거장까지 가잔 말을 들은 순간에 경련적으로 떠는 손, 유달리 큼직한 눈, 울 듯한 아내의 얼굴이 김 첨지의 눈앞에 어른어른하였다.

― 「운수 좋은 날」

이 글을 읽다 보면 무언가 불길한 일이 벌어질 것 같은 분위기다.

뼈만 남은 얼굴에 유월의 샘물 같은 유달리 크고 움푹한 눈에다 애걸 하는 빛을 띄우며
경련적으로 떠는 손, 유달리 큼직한 눈, 울 듯한 아내의 얼굴

소설 앞부분에 이 정도로 불길한 일이 벌어질 듯한 분위기를 만들었다면 뒤에 반드시 불길한 일이 벌어진다. 현실에선 뼈만 남은 얼굴과 울 듯한 아내의 얼굴이 있다고 해서 반드시 불행한 일이 벌어지는 건 아니다. 물론 불행한 일이 벌어질 수도 있지만, 꼭 그렇지는 않다. 소설에서는 이 정도 불길한 분위기면 반드시 불길함이 현실이 된다.

김 첨지의 불길한 예감은 결국 현실이 된다. 돈을 많이 벌어 아내를 위해

국어 독해력이 밥이다

설렁탕까지 사 들고 들어간 김 첨지를 기다린 건 시체가 돼 버린 아내였다. 불길한 단어들이 현실로 나타났으므로 이 불길한 단어는 '복선'이다.

벙어리가 스물세 살이 될 때까지 그는 물론 이성과 접촉할 기회가 없었다. 동네의 처녀들이 저를 "벙어리", "벙어리"하며 괴상한 손짓과 몸짓으로 놀려먹음을 받을 적에 분하고 골나는 중에도 느긋한 즐거움을 느끼어 본 일은 있었으나 그가 결코 사랑으로써 어떠한 여자를 대해 본 일은 없었다.

그러나 정욕을 가진 사람인 벙어리도 그의 피가 차디찰 리는 없었다. 혹 그의 피는 더욱 뜨거웠을는지도 알 수 없었다. 뜨겁다 뜨겁다 못하여 엉기어 버린 엿과 같을지도 알 수 없었다. 만일 그에게 볕을 주거나 다시 뜨거운 열을 준다면 그의 피는 다시 녹을는지도 알 수 없었다.

― 『벙어리 삼룡이』

이제 쉽게 짐작할 수 있을 것이다. 소설 앞부분에 벙어리 삼룡이가 이성을 향한 정욕, 인간에게 자연스런 감정을 벙어리라는 이유로 억누르고 있음을 보여준다. 그럼 나중에 어떤 일이 벌어질까? 충분히 예상이 가능하다. 벙어리 삼룡이가 억눌렀던 욕망을 깨워주는 어여쁜 여성이 나타나고, 그로 인해 벙어리 삼룡이의 인생이 크게 변하리라는 걸 짐작할 수 있다. 이게 복선이다. 소설은 앞부분에 뒤에 어떤 일이 벌어질지 몰래 숨겨 둔다. 작가는 자신이 숨겨 놓은 숨은 그림을 독자들이 잘 찾는지 바라보며 흐뭇해한다.

벙어리 삼룡이는 아씨를 만난 뒤 참았던 욕망을 터트린다. 물론 나쁜 방식이 아니라 가장 순결하고 아름다운 방식으로 사랑을 드러낸다. 순박하고 착한 삼룡이는 억눌렀던 정욕을 터트릴 때도 순결한 방식을 택한다.

그때였습니다. 갑자기 덜컥덜컥 하는 소리가 들리더니 예배당 문이 열리며 웬 젊은 사람이 하나 낭패한 듯이 뛰어들어 왔습니다. 그리고 무엇에 놀란 사람같이 두리번두리번 사면을 살피더니 그래도 내가 있는 것은 못 보았는지 저편에 있는 창 안에 가서 숨어 서서 아래서 붙는 불을 내다봅니다.

나도 꼼짝을 못 하였습니다. 좌우간 심상스런 사람은 아니요 방화범이나 도적으로밖에는 인정할 수 없지 않겠습니까? 그래서 꼼짝을 못 하고 서 있노라니까 그 사람은 한숨을 쉽니다. 그리고 맥없이 두 팔을 늘이고 도로 나가려고 발을 떼려다가 자기 곁에 피아노가 놓인 것을 보더니 교의를 끌어다 놓고 피아노 앞에 주저앉고 말겠지요. 나도 거기는 그만 직업적 흥미에 끌렸습니다. 그래서 무엇을 하나 보자 하고 있노라니까 뚜껑을 열더니 한 번 뚱 하고 시험을 해보아요. 그리고 조금 있더니 다시 뚱뚱 하고 시험을 해보겠지요.

이때부터 그의 숨소리가 차차 높아 가기 시작했습니다. 씩씩거리며 몹시 흥분된 사람같이 몸을 떨다가 벼락같이 양 손을 키 위에 갖다가 덮었습니다. 그 다음 순간으로 C샤프 단음계의 알레그로가 시작되었습니다.

처음에는 다만 흥미로써 그의 모양을 엿보고 있던 나는 그 알레그로가 울리어 나오는 순간 마음은 끝까지 긴장되고 흥분되었습니다. 그것은 순전한 야성적 음향이었습니다.

— 「광염 소나타」

저 멀리서 불이 나고, 한 명의 의심스런 사람이 뛰어든다. 현실에서는 이 사람이 방화범일 수도 있고, 아닐 수도 있다. 그러나 소설에서는 100% 방화범이다. 방화범은 성당에서 놀라운 음악을 연주하다. 슌저한 야성적 음악이다. 불을 지른 느낌이 생생한 음악이다.

불을 지르고 그 느낌으로 야상적 음악을 창조해내는 모습이 소설 초반에 나오면 이 사람은 나중에 노골적으로 불을 지르는 등 범죄를 저지르면서 야성적 음악을 창조해낸다. 실제 소설 내용도 그렇다.

소설은 허구 속에 진실을 담는다

복선과 암시를 학생들이 찾기 어려운 건 현실과 소설의 다른 점을 명확하게 인식하지 못하기 때문이다.『명탐정 코난』에서 나오는 사건이나 물건이 반드시 사건의 핵심 비밀과 연결되듯이, 소설에 등장하는 말은 반드시 이야기의 핵심과 연결된다. 그 연결은『명탐정 코난』처럼 과학적인 연결이 아니라는 점만 다를 뿐이다. 현실은 확률이나 소설은 필연이다.

소설은 허구다. 그러나 그 안에는 진실이 담겼다. 진실을 담는다는 점에서 현실과 소설은 연결된다. 현실은 우연과 필연이 겹쳐 일어나며, 필연이 분명하게 드러나지 않는 경우도 많다. 반면에 소설은 우연도 필연으로 포장된다. 현실과 소설의 관계를 정확히 인식할 때 소설을 이해하는 힘도 커진다.

13 독해의 완성, 상징

"빵을 달라!"

프랑스 혁명 당시 시위대가 외쳤다. 늘 배고픔에 시달리고, 귀족들에게 수탈을 당한 백성들의 한맺힌 외침이었다. 그런데 한 번도 먹을 걸로 고민해 본 적도 없고, 늘 풍성하게 먹고 살았던 왕비인 마리 앙투아네트는 시위대가 빵을 달라고 요구하자 이렇게 말했다고 한다.

"빵이 없으면 고기나 과자를 먹으면 되는데, 왜 꼭 빵을 달라고 할까?"

시위대가 말하는 빵과 마리 앙투아네트가 말한 빵은 같은 빵일까? 아니 다. 마리 앙투아네트가 말한 '빵'은 말 그대로 먹는 '빵(bread)'을 뜻한다. 반면 에 시위대가 말한 '빵'은 단순히 먹는 빵을 뜻하는 게 아니라 '음식' 전체를 뜻한다. 귀족들의 착취로 배고픔에 시달리던 백성들은 우리들의 배고픔을 해결해달라고 요구했다. 그걸 '빵'이라는 상징적인 단어로 표현했다. 안타깝게도 마리 앙투아네트는 '빵'에 담긴 상징을 이해하지 못했다. 독해력이 심각하게 부족했던 것이다. 아마 현대에 와서 마리 앙투아네트가 국어 시험을 보았다면 심각하게 낮은 점수를 받지 않았을까?

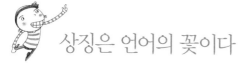

상징은 언어의 꽃이다

발렌타인데이에 초콜릿을 선물한다. 이때 초콜릿은 그냥 먹는 초콜릿이 아니라 사랑을 상징한다. 빼빼로데이에 전하는 빼빼로도 마찬가지다. 그때도 빼빼로는 그냥 음식이 아니다. 설날에 먹는 떡국, 추석에 먹는 송편도 단순한 음식이 아니라 다른 의미가 있다. 원래 단어 뜻이 아니라 조금 더 깊이 있는 뜻으로 사용될 때, 새로운 뜻을 '상징'이라고 한다.

프랑스 혁명 당시 시위대가 말하는 '빵'은 '음식'을 상징한다. 시위대가 '빵을 달라'고 한 것은 백성들의 배고픔을 달래줄 음식을 달라는 요구였고, 더 정확하게는 백성들을 배고프게 하는 귀족들의 수탈을 비판한 것이다. 발렌타인데이의 초콜릿은 '사랑'을 상징한다. 발렌타인데이 때 초콜릿을 선물하는 행동은 그냥 음식을 주는 행위가 아니라 '내가 너를 사랑한다'는 마음을 상징적으로 전하는 행동이다. '펜은 칼보다 강하다'는 말이 있는데, 이때 칼은 그냥 칼이 아니라 '무기'를 상징하고, 펜은 단순히 하나의 필기구를 뜻하는 것이 아니라 '글'을 상징한다. 즉 '펜은 칼보다 강하다'고 할 때 원래 뜻은 '글이 무기보다 강하다', 즉 진심을 담아 쓴 글, 진실을 알리는 글이 힘과 무력

보다 훨씬 큰 영향을 끼친다는 뜻이다.

'글이 무기보다 강하다'고 말하는 것과 '펜은 칼보다 강하다'고 말하는 걸 견주어보자. 뜻은 같지만 표현하는 법이 '펜은 칼보다 강하다'가 훨씬 세련됐다. '펜은 칼보다 강하다'는 말은 인간의 수준 높은 언어생활을 보여준다. 상징은 인간 언어생활의 꽃이다(여기서 사용한 '꽃'도 상징이다).

상징을 이해하려면 상상력이 필요하다

학생들이 시를 어려워하는 이유는 시에 쓰인 언어가 일상에서 쓰는 직접적인 뜻을 지닌 언어가 아니라 '상징'의 언어이기 때문이다. 예를 들어 '장미'라는 표현이 일상에서는 그저 하나의 꽃을 뜻하는 장미지만, 시에서 '장미'는 그냥 '장미'가 아니라 무언가 상징적인 뜻을 지닌 언어다. 학생들은 시를 읽으면서 장미를 일상에서 사용하는 뜻으로 받아들이는데, 시에서는 '상징적인 뜻'으로 사용되니 시를 이해하기가 어렵다. 시를 제대로 이해하려면 상징을 이해해야 한다. 그래서 상징을 이해하면 독해는 완성되는 것이나 마찬가지다. 인간의 고차원적인 표현 방식을 정확히 이해하는 수준이라면 다른 의미를 파악하는 것은 '누워서 떡 먹기'다.

상징을 이해하기 위해서는 상상력이 필요하다. '상징은 언어생활의 꽃이다'라는 말에서 '꽃'은 상징이다. 사랑하는 사람에게 꽃을 선물할 때 그 '꽃'에도 상징이 담겼다. '언어생활로서의 꽃'과 '선물로서의 꽃'에 담긴 뜻은 전혀 다르다. 꽃에 담긴 상징적인 뜻을 정확히 이해하기 위해서는 상상력이 필요하다. 꽃이라는 말을 듣고 사람들이 떠올리는 느낌을 상상해봐야 한다.

꽃 ― 감탄할 만큼 아름다운, 생명이 키워낸 아름다움의 결정체, 최

고로 아름다운, 향기롭고 편안한, 화려한, 따스한 기운, ……

선물을 줄 때 꽃은 어떤 뜻을 상징할까? 꽃이라는 말을 듣고 상상했던 느낌 중에서 적당한 의미를 골라보면, '당신은 꽃처럼 아름다운 사람입니다'라는 마음임을 알 수 있다. 반면에 '언어생활의 꽃'에서 꽃은 '최고 또는 결정체'라는 뜻이다. 즉, 언어생활의 결정체, 언어생활의 최고봉이라는 말이다.

상징 이해하기 연습

소설에서도 시와 마찬가지로 상징이 많이 등장한다. 소설에 사용된 상징을 이해하면 소설을 이해하는 수준이 확 올라간다. 『자전거 도둑』(박완서)에서 주인공인 수남이의 마음을 상징하는 표현으로 스산한 바람이 부는 서울의 뒷골목과 향기로운 봄바람이 부는 시골의 보리밭 풍경이 대조적으로 펼쳐진다. 서울의 뒷골목은 정이 없고 삭막하다. 반면에 시골의 보리밭은 아름답고 포근하다. 서울의 뒷골목은 도시 생활을 하는 사람들의 삭막함을 상징하고, 시골의 보리밭은 수남이 그리워하는 순결하고 깨끗한 마음을 지닌 시골 생활을 상징한다. 결국 수남은 서울의 뒷골목이 아니라 시골의 보리밭을 택한다. 뒷골목과 보리밭이 상징하는 의미를 정확히 이해하면 『자전거 도둑』에서 작가가 표현하려고 하는 의미가 완벽하게 독해된다. 반면에 뒷골목과 보리밭에 담긴 상징을 이해하지 못하면 『자전거 도둑』을 통해 작가가 말하고자 하는 바를 제대로 이해하지 못한다.

상징이 어렵기는 하지만 평범한 학생이 이해하지 못할 만큼 어렵지는 않다. 다만 상징을 이해하는 훈련을 체계적으로 받아보지 못했기 때문에 막연히 어렵게 느낄 뿐이다. 이제 소설에 나타난 상징을 이해하는 연습을 해보자. 하다 보면 '상징이 별거 아니구나' 하는 생각이 들 것이다.

아랫방은 그래도 해가 든다. 아침결에 책보만 한 해가 들었다가 오후에 손수건만 해지면서 나가 버린다. 해가 영영 들지 않는 윗방이, 즉 내 방인 것은 말할 것도 없다. 이렇게 볕 드는 방이 아내 방이요, 볕 안 드는 방이 내 방이오 하고 아내와 나 둘 중에 누가 정했는지 나는 기억하지 못한다. 그러나 나에게는 불평이 없다.

― 「날개」

빛과 어둠, 그 자체로는 별다른 뜻이 없다. 반면에 사람에게 빛과 어둠이라는 단어를 떠올리게 하고, 어떤 느낌이 드는지 이야기하게 하면 전혀 다르게 반응한다. 하루종일 햇볕 한 줌 들지 않는 방을 생각해보라! 그 느낌이 바로 햇볕이 드는 방과 햇볕이 들지 않는 방이 상징하는 현실이다.

아내의 방에는 햇볕이 든다. 주인공의 방에는 햇볕 한 줌 들지 않는다. 햇볕이 드는 방과 햇볕이 들지 않는 방, 느낌이 완전히 다르다. 이 느낌은 아내와 남편의 위치를 그대로 반영한다. 햇볕이 드는 방을 차지한 아내는 남편보다 높고, 사회생활을 활발히 한다. 햇볕이 들지 않는 방을 차지한 남편은 무능하고, 무기력하며, 우울하다.

：국어 독해력이 밥이다：

조금만 상상력을 발휘하면 상징은 별로 어렵지 않다.

> "보구 싶어요. 전 보고 시……"
>
> "뭐이?"
>
> 그는 입을 움직였다. 그러나 말이 안 나왔다. 기운이 부족한 모양이었다. 잠시 뒤에 그는 또다시 입을 움직이었다. 무슨 소리가 그의 입에서 나왔다.
>
> "무얼?"
>
> "보구 싶어요. 붉은 산이…… 그리고 흰 옷이!"
>
> 아아, 죽음에 임하여 그는 고국과 동포가 생각난 것이었다. 여는 힘없이 감았던 눈을 고즈넉하게 떴다. 그때의 '삶'의 눈을 번쩍 뜨이었다. 그는 손을 들려고 하였다. 그러나 이미 부러진 그의 손은 들리지 않았다.
>
> —「붉은 산」

죽어가는 삶이 힘겹게 말한다. 붉은 산과 흰 옷이 보고 싶다고. 작가는 바로 붉은 산과 흰 옷이 어떤 의미인지 설명한다. 붉은 산은 '고국'이요, 흰 옷은 '동포'다.

여러분은 대한민국이라는 나라를 생각할 때 어떤 이미지가 떠오르는가? '우리나라 사람'하면 어떤 이미지가 떠오르는가? 대한민국과 대한민국 국민 하면 가장 강렬하게 떠오르는 이미지는 각자 다를 수도 있고, 서로 비슷할 수도 있다. 어쨌든 이때 떠오르는 이미지는 대한민국과 대한민국 국민을 상징한다.

머나먼 만주 땅에서 죽어가던 삶은 최후의 순간에 붉은 산과 흰 옷을 떠올렸다. 그는 조국을 떠올릴 때 단풍으로 물든 붉은 산을 떠올렸고, 조국의 동포를 떠올릴 때 흰 옷 입은 순박한 사람들을 떠올렸다.

어떤 물건을 보면 어떤 사건이나, 사람이 떠오르는 경우가 종종 있다. 사랑하는 사람에게 예쁜 목도리를 받았다면 목도리를 볼 때마다 그 사람이 생각난다. 반대로 그 사람을 볼 때마다 목도리가 생각나기도 한다. 우리는 일상에서 늘 상징을 떠올리며, 상징과 연결된 생각을 하며 산다.

> 싸움, 간통, 살인, 도둑, 징역, 이 세상의 모든 비극과 활극의 근원지인 칠성문 밖 빈민굴로 오기 전까지는 복녀(福女)의 부처는 (사농공상의 제 2위에 드는) 농민이었다. 복녀(福女)는 원래 가난은 하나마 정직한 농가에서 규칙 있게 자라난 처녀였었다.
>
> ─『감자』

『감자』의 주인공 이름은 복녀, 복녀의 '복'은 '복 받을 복(福)'이다. 그런데 복녀(福女)는 복 받은 인생이 아니라 불쌍한 인생을 살다가 죽는다. 이름은 복 받은 여자인데, 인생은 참 불쌍하다. 이름이 주는 느낌이 어떤가?

예를 들어 이름은 '이천재'인데 공부는 지지리 못한다면, 천재라는 이름이 어떻게 느껴지는가? 이름은 '이운동'인데 운동을 지지리 못한다면 운동이란 이름이 어떻게 느껴지는가? 이런 걸 '반어적'이라고 한다. 불행한 이름이

국어 독해력이 밥이다

아니라 '행복을 상징하는 이름'이기에 오히려 불행한 느낌이 든다.

　이름은 복녀인데, 글의 시작 부분에 '싸움, 간통, 살인, 도둑, 징역' 등 불행을 뜻하는 말이 먼저 나온다. 결국 복녀라는 이름은 더욱 비극적인 운명을 암시하고 상징하는 이름으로 작용한다.

　이 환자가 그러고도 먹는 데는 물리지 않았다. 사흘 전부터 설렁탕 국물이 마시고 싶다고 남편을 졸랐다.

　"이런 오라질 년! 조밥도 못 먹는 년이 설렁탕은. 또 처먹고 지랄병을 하게."

　하라고 야단을 쳐 보았건만, 못 사주는 마음이 시원치는 않았다.

　… (중략) …

　김 첨지는 화증을 내며 확신 있게 소리를 질렀으되 그 소리엔 안 죽은 것을 믿으려고 애쓰는 가락이 있었다. 기어이 일 원어치를 채워서 곱빼기 한 잔씩 더 먹고 나왔다. 궂은 비는 의연히 추적추적 내린다. 김 첨지는 취중에도 설렁탕을 사 가지고 집에 다다랐다. … (중략) …

　"이 눈깔! 이 눈깔! 왜 나를 바라보지 못하고 천장만 보느냐. 응."

　하는 말끝엔 목이 멨다. 그러자 산 사람의 눈에서 떨어지는 닭의 똥 같은 눈물이 죽은 이의 뻣뻣한 얼굴을 어룽어룽 적시었다. 문득 김 첨지는 미친 듯이 제 얼굴을 죽은 이의 얼굴에 한데 비벼대며 중얼거렸다.

　"설렁탕 사다 놓았는데 왜 먹지를 못하니. 왜 먹지를 못하니…… 괴상하게도 오늘은 운수가 좋더니만……."

－「운수 좋은 날」

김 첨지는 돈이 잘 벌리는 와중에도 아침에 보았던 아내의 얼굴 때문에 하루 종일 불길한 느낌에 젖어 지낸다. 아내는 설렁탕을 먹고 싶다고 했다. 그동안에는 설렁탕을 사줄 돈이 없었다. 돈을 많이 벌었다. 돈을 많이 벌고 보니 아내의 불길한 표정, 아픈 얼굴이 자꾸 눈에 밟힌다. 그래서 술에 취했는데도 설렁탕을 사들고 들어간다. 그러나 설렁탕을 먹고 싶다던 아내는 죽었다.

김 첨지는 나중에 설렁탕을 볼 때마나 죽은 아내가 생각날 것이다. 설렁탕을 볼 때마다 설렁탕을 먹고 싶었으나 가난 때문에 먹지 못하고 죽은 아내가 생각나 눈물이 흐를 것이다. 이런 비슷한 경험은 누구에게나 있다. 어떤 물건을 볼 때마다 특별한 사건이나 사람이 떠오르는 경우가 있다. 하나의 물건에서 한 사람이 기억나고, 추억이 생각난다. 상징은 우리에게 너무나 익숙하다. 설렁탕을 통해 김 첨지의 아픈 마음이 다가온다면 설렁탕의 의미를 정확히 이해한 셈이다.

그는 비로소 믿고 바라던 모든 것이 자기의 원수라는 것을 알았다. 그는 모든 것을 없애 버리고 자기도 없어지는 것이 나은 것을 알았다. 그날 저녁 밤은 깊었는데 멀리서 닭이 우는 소리와 함께 개 짖는 소리만이 들린다. 난데 없는 화염이 벙어리 있던 오생원 집을 에워쌌다. 그 불을 미리 놓으려고 준비하여 놓았는지 집 가장자리 쪽 돌아가며 흩어 놓은 풀에 모조리 돌라붙어 공중에서 내려다보면 집의 윤곽이 선명하게 보일 듯이 타오른다.

불은 마치 피 묻은 살을 맛있게 잘라 먹는 요마(妖魔)의 혓바닥처럼 날름날름 집 한 채를 삽시간에 먹어 버리었다. 이와 같은 화염 속으로 뛰어 들어가는 사람이 하나 있으니 그는 다른 사람이 아니라 낮에 이 집을 쫓겨난 삼룡이다. … (중략) …

그는 색시를 안았다. 그러고는 길을 찾았다. 그러나 나갈 곳이 없었다. 그는 하는 수 없이 지붕으로 올라갔다. 그는 비로소 자기의 몸이 자유롭지 못한 것을 알았다. 그러나 그는 자기가 여태까지 맛보지 못한 즐거운 쾌감을 자기의 가슴에 느끼는 것을 알았다. 색시를 자기 가슴에 안았을 때 그는 이제 처음으로 살아난 듯하였다. 그는 자기의 목숨이 다한 줄 알았을 때, 그 색시를 내려놓을 때는 그는 벌써 목숨이 끊어진 뒤였다. 집은 모조리 타고 벙어리는 색시를 무릎에 뉘고 있었다. 그의 울분은 그 불과 함께 사라졌을는지! 평화롭고 행복스러운 웃음이 그의 입 가장자리에 엷게 나타났을 뿐이다.

– 「벙어리 삼룡이」

색깔을 보면 사람들은 대체로 비슷한 느낌이 든다고 한다. 색깔마다 독특한 기운이 뻗어 나온다. 녹색은 '편안함'을 의미한다. 숲이 주는 안락함 때문이다. 노란색은 '에너지'와 '부유함'을 의미한다. 노란 햇빛과 황금이 주는 이미지 때문이다. 동양인들은 푸른색을 보며 맑고 청명하다는 생각을 하지만, 서양인들에게 'Blue'는 우울한 느낌을 준다고 한다. 색깔뿐만 아니다. 인간을 둘러싸고 있는 수많은 물건들에는 고유의 뜻 말고도, 상징하는 의미가 가득 담겼다. 인간의 언어는 의미의 세계이기도 하지만, 동시에 상징의 세계이기도 하다.

『벙어리 삼룡이』의 마지막 장면이다. 불은 무엇을 상징할까? 불을 보면 어떤 느낌이 들까? 열정, 정열, 뜨거움, 밝음, 미친 광기 등과 같은 느낌이 든다. 정욕을 누르고 있던 삼룡이, 아무리 억압받아도 꾹 참던 삼룡이, 꾹꾹 눌렀던 인내심이 마침내 폭발하는 상황, 불보다 삼룡이의 마음을 정확하게 상징할 만한 것은 없다. 활활 타오르는 불 속에서 삼룡이가 자유를 느낀 건 불이 자유와 사랑을 찾는 삼룡이의 마음과 정확히 일치하는 감정을 불러일으키기 때문이다. 불은 자유와 정열이다.

> 반평생을 같이 지내온 짐승이었다. 같은 주막에서 잠자고, 같은 달빛에 젖으면서 장에서 장으로 걸어 다니는 동안에 이십 년의 세월이 사람과 짐승을 함께 늙게 하였다. 가스러진 목뒤 털은 주인의 머리털과도 같이 바스러지고, 개진개진 젖은 눈은 주인의 눈과 같이 눈곱을 흘렸다. 몽당비처럼 짧게 쓸리운 꼬리는, 파리를 쫓으려고 기껏 휘저어보아야 벌써 다리까지는 닿지 않았다. 닳아 없어진 굽을 몇 번이나 도려내고 새 철을 신겼는지 모른다. 굽은 벌써 더 자라나기는 틀렸고 닳아버린 철 사이로는 피가 빼짓이 흘렀다. 냄새만 맡고도 주인을 분간하였다. 호소하는 목소리로 야단스럽게 울며 반겨한다. 어린아이를 달래듯이 목덜미를 어루만져주니 나귀는 코를 벌름거리고 입을 투르르거렸다.
>
> ―「메밀꽃 필 무렵」

허생원은 장돌뱅이 생활만 20년을 했다. 그 긴 세월을 나귀와 함께 했다. 나귀는 허생원과 함께 늙었다. 허생원이 나귀를 보면 어떤 생각이 들까? 만약 태어날 때부터 자신과 함께 자란 강아지를 본다면 어떤 느낌이 들까? 15년을 함께 지내온 인형을 본다면? 어떤 동물이나 물건과 오랜 세월 함께 지내다 보면 동물이나 물건에 내 감정이 들어간다. 오랜 세월 같이 지내다 보면 서로 닮는 느낌이 든다. 그때 드는 느낌과 허생원이 나귀를 보며 드는 생각은 거의 비슷하다. 더구나 허생원은 편안히 지낸 게 아니라 20년 동안 장돌뱅이로 고생하며 살았다. 그러니 나귀를 보며 드는 애틋함은 강아지나 인형보다 훨씬 크다. 그러니 나귀는 곧 허생원이다. 둘은 정서적으로 하나다. 외모와 신세도 비슷하다.

나귀와 조선달은 재빨리 거의 건넜으나 동이는 허생원을 붙드느라고 두 사람은 훨씬 떨어졌다.

"모친의 친정은 원래부터 제천이었던가?"

"웬걸요. 시원스리 말은 안 해주나 봉평이라는 것만은 들었죠."

"봉평, 그래 그 아비 성은 무엇이구?"

"알 수 있나요. 도무지 듣지를 못했으니까."

"그 그렇겠지."

하고 중얼거리며 흐려지는 눈을 까물까물하다가 허생원은 경망하게도 발을 빗디디었다. 앞으로 고꾸라지기가 바쁘게 몸째 풍덩 빠져버렸다. 허위적거릴수록 몸을 걷잡을 수 없어 동이가 소리를 치며 가까이 왔을 때에는 벌써 퍽이나 흘렀었다. 옷째 쫄딱 젖으니 물에 젖은 개보다도 참혹한 꼴이었다. 동이는 물 속에서 어른을 해깝게 업을 수 있었다. 젖었다고는 하여도 여윈 몸이라 장정 등에는 오히려 가벼웠다.

"이렇게까지 해서 안됐네. 내 오늘은 정신이 빠진 모양이야."

"염려하실 것 없어요."

"그래 모친은 아비를 찾지는 않는 눈치지?"

"늘 한번 만나고 싶다고는 하는데요."

"지금 어디 계신가?"

"의부와도 갈라져 제천에 있죠. 가을에는 봉평에 모셔오려고 생각 중인데요. 이를 물고 벌면 이럭저럭 살아갈 수 있겠죠."

"아무렴, 기특한 생각이야. 가을이랬다?"

동이의 탐탁한 등어리가 뼈에 사무쳐 따뜻하다. 물을 다 건넜을 때에는 도리어 서글픈 생각에 좀 더 업혔으면도 하였다.

"진종일 실수만 하니 웬일이요, 생원."

조선달이 바라보며 기어코 웃음이 터졌다.

"나귀야, 나귀 생각하다 실족을 했어. 말 안했던가. 저 꼴에 제법 새끼를 얻었단 말이지. 읍내 강릉집 피마에게 말일세. 귀를 쫑긋 세우고 달랑달랑 뛰는 것이 나귀새끼같이 귀여운 것이 있을까. 그것 보러 나는 일부러 읍내를 도는 때가 있다네."

"사람을 물에 빠뜨릴 젠 딴은 대단한 나귀새끼군."

허생원은 젖은 옷을 웬만큼 짜서 입었다. 이가 덜덜 갈리고 가슴이 떨리며 몹시도 추웠으나 마음은 알 수 없이 둥실둥실 가벼웠다.

- 「메밀꽃 필 무렵」

허생원이 개울에 빠졌다. 개울에 빠져 허우적거리는 허생원을 동이가 업고 나왔다. 허생원은 추웠지만 마음은 가벼웠다. 개울은 허생원과 동이가 하나 된 공간이다. 늙어 힘 없는 아비가 다 큰 아들에 의지하여 나온 사건이 벌어진 공간이다.

나중에 동이가 아들임을 안 허생원이 개울을 생각할 때 어떤 느낌이 들까? 아마 흐뭇할 것이다. 동이도 마찬가지다. 함께 고생하며 육신의 사랑을 느낀 곳, 혈육의 정을 처음으로 나눈 곳, 개울은 혈육의 정이 흐르는 곳이다. 함께 한 장소를 떠올리면 함께 한 추억도 떠오른다.

대구에서 서울로 올라오는 차중에서 생긴 일이다. 나는 나와 마주 앉은 그를 매우 흥미 있게 바라보고 또 바라보았다. 두루마기 격으로 기모노를 둘렀고, 그 안에서 옥양목 저고리가 내어 보이며 아랫도리엔 중국식 바지를 입었다. 그것은 그네들이 흔히 입는 유지 모양으로 번질번질한 암갈색 피륙으로 지은 것이었다. 그리고 발은 감발을 하였는데 짚신을 신었고, 고무가리로 깎은 머리엔 모자도 쓰지 않았다. 우연히 이따금 기묘한 모임을 꾸민 것이다. 우리가 자리를 잡은 찻간에는 공교롭게 세 나라 사람이 다 모였으니, 내 옆에는 중국 사람이 기대었다. 그의 옆에는 일본 사람이 앉아 있었다. 그는 동양 삼국 옷을 한 몸에 감은 보람이 있어 일본말도 곧잘 철철대이거니와 중국말에도 그리 서툴지 않은 모양이었다.

- 「고향」

열차에서 꾀죄죄한 사람을 만났다. 꾀죄죄한 차림을 잘 살펴보니 일본, 중국, 우리나라 옷이 섞여 있었다. 공교롭게도 그 자리엔 세 민족이 다 모였다. 꾀죄죄한 옷을 입고 고생한 얼굴에 가난해 보이는 사람이 입고 있는 3개국 혼합 옷! 무언가 상징적이다. 분명 엄청나게 고생을 했을 것이고, 3개국을 돌아다녔을 것 같고, 조잡한 옷처럼 삶도 힘들었을 것임을 짐작할 수 있다.

소설 속 옷차림에는 사람의 삶이 담겼다. 몇 번 강조하지만 현실에서는 안 그럴지도 모른다. 그러나 소설이라면 특별한 옷차림에는 특별한 사연이 반드시 담긴다. 실제로 이 주인공은 한국, 간도(만주), 일본을 돌아다니며 정말 고생고생하며 살았다. 우리나라 사람이지만 우리나라 옷을 입지 않은 모습은 고향을 잃어버리고 고생하며 사는 우리나라 백성들의 현실을 보여준다. 일제 식민지 치하에서 고향을 잃고, 조국을 잃고, 자기 정체성을 잃어버린 조선의 백성들을 상징한다.

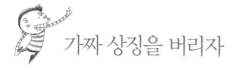

가짜 상징을 버리자

　내가 입은 옷은 나의 무엇을 보여줄까? 값비싼 브랜드 옷을 소비하는 학생들은 값비싼 옷이 나의 존재 가치를 높여줄 거라고 믿는다. 값비싼 옷만큼 내가 높은 수준의 사람이 될 거라고 믿는다. 내 인간성이나 존귀함과 내 옷은 아무런 관련이 없는데도 그렇게 믿는다.

　요즘 학생들이 값비싼 브랜드 옷을 경쟁적으로 사 입는 것은 그만큼 자기 자신이 약하고, 힘없는 사람임을 보여준다. 옷이 상징하는 의미는 소설에만 존재하는 게 아니다. 어른들도 아파트와 자동차, 연봉과 직업을 통해 자기 존재를 드러내려고 한다. 그런 겉모습들이 자신의 본질을 보여주는 것처럼 믿는다. 가짜 믿음이요, 가짜 상징이다.

　가짜 상징을 버리자. 그래야만 진짜가 내게 찾아온다.

독해력을 방해하는 진짜 적

사람을 이해하기는 참 어렵다. 살아가면 갈수록 솔직히 내가 내 자신도 잘 모르겠다 싶은 경우가 많다. 내가 나를 제대로 이해한다면 아마 그 순간이 불교에서 말하는 '깨달음'의 순간이 아닐까 싶다. 내가 나를 제대로 모르니 남은 더더욱 알기 어렵다.

나는 사람에 대한 이해를 키우기 위해 책을 읽는다. 『엄마를 부탁해』를 읽으며 어머니를 생각하고, 『죽은 시인의 사회』를 읽으며 교사와 학생을 생각하고, 『내 영혼이 따뜻했던 날들』을 읽으며 돌아가신 아버지와 할머니를 생각한다. 문학을 통해 나는 내가 하지 못한 경험을 하고, 내 주위 사람에 대해 깊이 고민한다.

『지도 밖으로 행군하라』를 읽으며 꿈꾸기만 했던 일을 실제로 하는 사람을 만났다. 『정의란 무엇인가?』를 읽으며 무관심했던 사회 문제에 관심을 기울이게 되었다. 『오래된 미래』를 읽으며 뒤떨어졌다고 여긴 나라 사람들의 진면목을 알게 되고, 새로운 사회에 대해 생각했다. 나보다 깊이 고민하고 경험한 사람들의 글 속에서 내 이해력은 깊어졌고, 관심의 영역이 넓어졌다.

그러나 글을 읽고 아무리 사람에 대한 이해력이 깊어졌다고 해도, 그건 그저 글일 뿐이라고 느낀 경우가 많다. 내 삶에서 살아 있는 사람들과 직접 부딪치면 사람에 대한 이해력이 여전히 부족함을 느낀다. 사람을 대할 때마다 사람을 이해한다는 게 얼마나 어려운지 깨닫는다.

가만히 생각해보면 나는 내 부족한 수준으로 책을 읽고 그 수준에서 이해했을 뿐이었다. 완전히 이해하며 읽었다고 자부했던 책도 몇 년이 지난 뒤에 다시 읽으면 완전히 새로운 느낌이 드는 경우가 많다. 과거엔 그만큼 내 이해력이 부족했고, 몇 년 사이 내가 사람을 이해하는 힘이 그만큼 커진 것이다. 몇 년 동안 겪었던 다양한 경험, 사람들과 나누었던 대화와 갈등들이 사람에 대한 나의 이해력을 키웠다. 아마 책만 읽었다면 예전이나 지금이나 책을 이해하는 힘, 즉 다시 말해 사람을 이해하는 힘은 그대로였을 것이다.

사람을 이해하려면 사람을 경험해야 한다

지식만으로 사람을 이해하지 못한다. 사람과 접하고, 부딪치고, 대화하고, 포옹하고, 갈등하고, 화해하고, 사랑하고, 고민해야 사람을 이해한다. 사람을 모르면 사람이 쓴 글을 알지 못한다. 많은 학생들이 다른 사람의 감정과 성격을 읽어내지 못하고, 남의 처지에 공감하지 못한다. 사람을 이해하고, 사람을 알아보는 능력이 떨어진다. 솔직히 자기 자신도 잘 모른다. 자신이 뭘 좋아하는지, 자기의 성격이 무엇인지, 진정 자신이 꿈꾸는 게 무엇인지도 모른다. 이런 학생들이 사람에 대한 이해가 뛰어난 작가가 쓴 소설이나 수필을 이해한다면 그게 오히려 이상하다.

경험의 한계는 이해의 한계다. 요즘 학생들이 독해력이 부족한 건 '경험의 한계' 때문이다. 공부 외에는 별다른 경험을 하지 않기 때문에 다른 상황, 다른 인간에 대한 이해가 부족하다. 아이들은 어릴 때부터 다른 친구들과 어울리고, 어른들을 폭넓게 만나면서 사람을 이해하는 능력을 길러야 하는데, 그런 경험이 거의 없으므로 사람을 이해하는 능력이 떨어진다.

공부, 학원, 시험, 잔소리, 게임, 연예인, 스마트폰, 왕따, 돈 정도가 아이들이 일상적으로 경험하는 영역이고, 그러한 내용만 제대로 이해한다. 반면에 그 밖의 상황이나 사건에 대한 이해는 제대로 하지 못한다. 솔직히 말하면 공부나 학원, 왕따와 같은 사건의 이면에 감춰진 깊이 있는 문제에 대해서도 전혀 이해할 줄 모른다. 만날 교과서에 나온 내용을 외워서 시험을 보기 바쁜데, 어느 세월에 진짜 이해력이 길러지겠는가?

독해력을 방해하는 진짜 적

결국 공부에서 가장 중요한 독해력을 기르지 못하게 방해하는 건 학교 공부 그 자체다. 너무나 학교 공부에만 매몰되어 사는 생활이 독해력 향상을 방해한다. 그러니 고등학교 때는 어쩔 수 없다고 하더라도, 중학교 때까지는 사람을 다양하게 경험해야 한다. 직접적으로 사람을 대면하고, 고민하고, 어울리는 경험이 풍부해야 한다. 사람은 사람을 통해 사람을 이해하는 힘을 기른다. 더불어 자신이 직접 경험하지 못한 부분은 책을 통해 간접적으로 경험한다. 체험이 '직접 경험'이라면, 책은 '간접 경험'이다. 모두 다 사람을 경험하는 과정이다.

공부, 적당히 시키자.
지나친 학교 공부는 독해력의 적이다.

국어 독해력이 밥이다